LUXURY
CODE

지은이 이윤경

루이비통, DFS그룹, 클라랑스, 크리스챤 디올, 펜디 등 패션과 코스메틱 글로벌 브랜드에서 제품, 리더십, 세일즈와 매니지먼트 교육을 해왔다. 럭셔리 브랜드에서 일하려면 끊임없는 역량 계발과 수련이 필요한데, 이는 오랜 시간 지속적인 노력으로 만들어진 그 브랜드의 높은 기준을 뛰어넘어야 하기 때문이다. 이러한 기준과 가치를 잘 전달하여 우수한 인적 자원을 더 뛰어나게 만들어야 하는 트레이너로서 어떻게 하면 그 가치를 잘 전달할지 고민했다. 프랑스 스킨케어 1위 브랜드 클라랑스와 크리스챤 디올에서 근무하는 동안 더 우수한 화장품 교육을 위해 화장품 전공 석사와 박사과정을 마쳤다. 숙명여자대학교 겸임교수를 역임했으며 화장품과 뷰티 전문가로서 뷰티 클래스, 칼럼과 저서 집필, 방송 출연 등 다양한 분야에서 활약 중이다.

현재 '럭셔리인사이트Luxury Insight' 대표이자 럭셔리 브랜딩 전략가로서 열정을 지닌 우수한 인적 자원의 성장과 발전을 위해 리테일·리더들을 교육, 코칭, 컨설팅하고 있다.

저서로 《귀차니즘이 피부를 망친다》(성안당), 《예뻐지는 퍼스널 컬러 스타일링》(책밥), 《당신의 색이 가장 아름답다》(비욘드북스) 등이 있다.

럭셔리 코드

초판 1쇄 2022년 6월 20일 **초판 2쇄** 2022년 10월 24일 **지은이** 이윤경 **펴낸이** 이혜숙 **펴낸곳** (주)스타리치북스
출판 감수 이은희·오경훈 外 **출판 책임** 권대홍 **출판 진행** 이은정·한송이 **원고 교정** 이상희 **편집 디자인** 권대홍
등록 2013년 6월 12일 제2013-000172호 **주소** 서울 강남구 강남대로62길 3 한진빌딩 2~8층 **전화** 02-6969-8955

스타리치북스 페이스북 www.facebook.com/starrichbooks **스타리치북스 블로그** blog.naver.com/books_han
스타리치몰 www.starrichmall.co.kr **홈페이지** www.starrichbooks.co.kr **글로벌기업가정신협회** www.epsa.or.kr

값 27,000원 ISBN 979-11-85982-16-8 13190

LUXURY CODE
럭셔리 코드

이윤경 지음

StarRich
Books

인터넷이 없던 시절에 신문 구인광고를 보고 지원한 곳은 이름도 멋지고 브랜드 로고도 너무 멋진 '루이비통'이었다. 아무런 설명도 소개도 없이 브랜드의 로고 아래 "영어와 일어에 능통한 액티브한 여성을 모십니다"라는 구인 글에서 나만큼 액티브한 사람이 또 있을까 하는 생각에 숙명으로 여기며 자석처럼 이끌렸던 기억이 난다. 럭셔리 브랜드들이 원하는 '액티브함'이란 슈퍼 울트라급으로 솔선수범하고 뭐든 잘해야 하며 무엇보다 지치지 않는 열정이 있어야 한다는 것을 오래 일하지 않았을 때 알게 되었다.

그들은 제품도 잘 만들지만 브랜드 정신에 흠뻑 취해서 혼신의 힘을 다해 일하는 사람도 잘 만든다. 어쩌면 제품보다 사람을 더 잘 만들고 인재 양성이 더 우선인 것 같다. 한 번도 만나지 못한 백 년 전 설립자들의 철학에 가슴이 뭉클해지고 그의 양자라도 된 듯 더 큰 책임감을 양쪽 어깨에 짊어지고도 감사하게 생각했다. 그것은 물질적 혜택보다도 가치를 따질 수 없는 만족감, 소속감이었고 브랜드 성공에 아주 작지만 기여했다는 사실이 자랑스러웠다.

그런데 이렇게 말하면 거의 모든 사람이 나를 머리부터 발끝까지 쭉 훑어본다. 무슨 핸드백을 들었는지는 물론 구두의 금장은 무엇이고, 내 핸드백 안에서 어떤 브랜드의 립스틱이나 콤팩트가 나오는지 눈여겨본다. '럭셔리'라는 말에 명품, 화려함과 고가, 사치스러움 등을 먼저 떠올리는 것 같다. 고객은 화려한 진열대 위에 놓인 아름다운 제품을 보겠지만 우리는 최고가 되려는 브랜드 철학을 가슴에 새기고 고군분투한다. 그러다 보면 브랜드의 성공 안에서 어느새 반짝반짝 잘 다듬어진 보석이 된 나 자신을 발견한다. 그것이 진정한 럭셔리의 힘이다. 뒤집어보지 않으면 보이지 않는 내면의 럭셔리 정신을 맛보지 못한다면 아름다운 포장지만 탐닉하게 될 뿐이다.

외국의 전통적인 럭셔리 브랜드들은 그들 나름의 코드가 확고하다. 샤넬의 C는 Consistency, 즉 일관성이 있고, 크리스챤 디올의 C는 Creative, 창의성이 있다. 그들은 자신의 코드를 직원들의 DNA에 심고 한곳을 가리키며 나아간다. 반면, 하드웨어로는 이미 럭셔리를 갖춘 한국의 브랜드들은 의외로 스스로 자신들을 낮추고 자신감이 없어 한다. 최고의 제품력과 세련된 광고, 멋진 매장들은 세계 어느 럭셔리 브랜드 못지않다. 하지만 브랜드만의 독특한 럭셔리 코드가 없고, 어디선가 본 듯한 누군가의 이야기로 가득하다. 더욱 중요한 것은 설립자나 리더의 철학이 조직에 튼튼히 뿌리내리지 못했다는 것이다. 정의도 모호할 뿐 아니라 제각각이다.

직원들에게 럭셔리를 가르치려고 5성급 호텔에 보내기도 하지만, 호텔에서 하룻밤을 지낸다고 해서 럭셔리를 배울 수 있는 것은 아니다. 거기에는 당연히 한계가 있다. 허영이 가득한 핸드백을 사겠다고 매장 앞에서 한 시간씩 줄을 서는 데에는 고개를 저으면서도 정작 럭셔리 브랜드가 되고 싶어 한다.

많은 럭셔리 브랜드에서 교육과 코칭을 하면서 지금 우리에게 가장 필요한 정신으로 벤치마킹하고 싶은 럭셔리 정신이 있었다. 갖은 어려움 속에서도 장인이 되도록 만들어 준 인내심, 작은 실수나 오점도 허용하지 않는 철저함, 목표를 이루고자 하는 몰입과 간절함을 이야기해 주고 싶었다. 또한 묵묵히 자기 기량을 높이는 장인들과 그 장인들이 성장할 수 있게 지지해 주며 충분히 기다리고 오랫동안 함께 걸어주는 기업가정신, 사람을 브랜드의 핵심으로 만드는 리더십을 제안하고 싶었다.

'욜로YOLO, you only live once'를 외치며 고되고 힘든 삶보다는 하루하루 가볍고 즐겁게 살기를 원하는 우리의 밀레니얼에게 마지막 날까지 굽은 손으로 가위질과 재단을 하던 열정적인 가브리엘 샤넬이 말한다. "한 번만 사는 삶, 즐겁게 살아야 하지 않나요?" 그는 한 번 사는 삶에서 끊임없이 노력하고 맹렬하게 일해서 얻는 즐거움으로 살았고, 패션의 역사를 바꾸었다. 그리고 지금도 많은 사람의 삶과 정신에 묵직한 영감을 주고 있다.

한 번 사는 삶, 어떤 브랜드로 살 것인가? 세대와 세기가 바뀌어도 사람들이 꿈꾸고 열망하는 브랜드가 되고 싶지 않은가?

CONTENTS

PART

3

럭셔리 브랜딩 리더십

럭셔리 브랜딩

"럭셔리는 편해야 한다. 그렇지 않으면 럭셔리가 아니다."

–가브리엘 샤넬

럭셔리는 감성이다

럭셔리가 무엇이냐고 물으면 다양한 대답이 나올 것이다. 뛰어난 제품, 장인정신, 역사와 전통, 높은 가격, 화려함, 사치스러움 등 럭셔리를 한마디로 표현하기는 결코 쉽지 않다. 오랫동안 럭셔리 브랜드 쇼룸의 안과 밖에서 고객을 만나고, 공방이나 매장의 부티크에서 무형의 서비스 교육을 해온 나에게 럭셔리에 대한 최고 정의는 '감성'이다. 감탄할 수밖에 없는 장인들의 솜씨로 가장 훌륭하게 만들어진 제품은 물론 그 제품이 돋보이도록 정성껏 싼 포장지도 버리지 못할 정도로 특별한 패키지도 럭셔리의 큰 부분이다. 그러나 눈에 보이는 것에 비해 보이지 않는 또는 안쪽에 철저히 계획된 것을 느끼지 못한다면 진정한 럭셔리를 즐기지 못한 것이다.

럭셔리 브랜드의 메종maison, 점포에서는 백 년도 넘은 오래된 갤러리에 들어간 느낌이 든다. 우리 감각은 럭셔리 브랜드가 미리 준비해 놓은 세련된 향과 은은한 조명, 품격 있는 매너에 그대로 무장해제된다. 그리고 어느새 럭셔리를 꿈꾸게 된다. 가지고 싶고 소비

하고 싶고 그 이야기를 듣고 싶어진다. 이것은 필요_{need}가 아니라 열망_{want}이다. 럭셔리 브랜드는 필요한 것을 만들지 않는다. 그런 것은 누구나 만들 수 있다. 그리고 가지면 나 자신을 더욱 빛나게 해주는 것을 우리 앞에 내놓는다.

　럭셔리 브랜드는 또한 가치를 따질 수 없는 심리적 만족감을 준다. 핸드백이나 향수, 구두, 재킷 같은 제품을 갖는 '소유'에서 오는 만족감은 그리 오래가지 않는다. 내가 꿈꾸고 열망했던 놀라운 제품을 탐닉하고 그것을 만들어 온 브랜드의 '존재'에 대한 즐거움이 훨씬 오래간다. 잊을 수 없는 아름다운 스토리와 장인들의 열정, 탄성을 자아내는 혁신과 포기하지 않는 도전정신이 럭셔리의 가장 중요

럭셔리 브랜드는 가치를 따질 수 없는 심리적 만족감을 준다. 또한 꿈꾸고 열망했던 제품을 탐닉하게 되면서 오랜 시간 쌓여온 럭셔리 브랜드가 주는 존재감을 느끼게 된다.

한 핵심이다. 그것을 경험하고 즐기는 감성이 진정한 럭셔리다.

럭셔리 브랜드, 명품은 제품만 의미하지는 않는다. 우리는 시간을 정확하게 알려주는 시계가 필요해서 까르띠에 시계를 사는 것은 아니다. 박음질이 튼튼하게 잘되어서 샤넬 백을 사는 것도 아니다. 시간이 정확한 시계라면 핸드폰의 디지털시계가 더 확실하다. 훨씬 비싼 값에도 그들의 제품을 열망하는 것은 제품 속에 차곡차곡 쌓인 무언가가 있기 때문이다. 럭셔리의 진정한 가치는 재깍재깍 움직이는 시계의 동력 안에 흐르는 장인의 뜨거운 열정이 담긴 혼이며 아무도 가지 않은 길을 두려움 없이 헤쳐나간 불굴의 정신이다. 그것을 발견하지 못한다면 가장 귀한 것을 놓치게 되고 만다.

누군가를 꿈꾸게 하는 브랜드가 된다는 것은 가슴 뛰는 일이다. 사람들을 열망하게 하고 감성으로 가득 찬 아름다운 이야기를 나누는 것은 기적 같은 전략이다. 수백 년 동안 사람들을 꿈꾸게 하고, 기다리게 하고, 빠져 있게 만드는 그들의 시크릿 정신의 코드는 무엇일까?

© Grachikova Larisa

장인의 혼이 담긴
럭셔리 코드를 읽어라

    수많은 브랜드가 세대를 이어가며 많은 사람에게 높은 품질과 아름다움을 인정받는 명품, 럭셔리 브랜드가 되고 싶어 한다. 하지만 럭셔리 브랜드가 되고자 화려한 마케팅 전략과 투자로 기업을 이끌고 노력해도 극히 소수 브랜드만이 모진 세파 속에서 겨우 살아남는다. 세대를 이어 풍성하고 아름다운 헤리티지heritage를 만들고 비로소 명품 반열에 들게 되는 브랜드는 그야말로 몇 개 되지 않는다.

    우리가 대를 이어 럭셔리라 인정하는 소수 브랜드는 부르봉Bourbon 왕조와 보나파르트Bonaparte가가 프랑스를 통치한 18~19세기에 시작되었다. 프랑스 왕실을 위해 아름답고 놀라운 제품들을 만들며 특별한 기술은 물론 그 정신까지 물려준 사람들은 어렵고 힘든 환경에서 자신과 싸우며 이겨낸 그 시대 장인들이었다.

    그들도 처음 시작할 때는 순탄하지 않았다. 가난한 농부의 열

한 번째 아들도 있고, 열네 살에 집을 나와 파리까지 2년간 걸어가 일자리를 구한 소년도 있다. 열두 살 때 고아원에 버려지자 내 세상은 열두 살에 끝났다고 울먹이던 소녀도 있다. 환경과 처지가 달랐지만 그들의 공통되는 정신적 코드가 있다. 내 기업이 럭셔리 브랜드가 되고 싶다면 또는 누구나 인정하는 명품과 함께하고 싶다면 그들의 공통된 코드를 읽으면 된다. 그들의 코드에 그들처럼 되는 비결이 있다.

수많은 브랜드가 명품, 럭셔리 브랜드가 되고 싶어 하지만 극히 소수 브랜드만이 모진 세파 속에서 살아남는다. 아름답고 놀라운 제품들을 만들며 기술은 물론 정신까지 대물림하는 장인들이 있어야 가능한 일이다.

"제자리에 머물려면 온 힘을 다해 뛰어야 해. 만약 앞으로 가고 싶으면 지금보다 두 배는 더 빨리 달려야 해." (루이스 캐럴, 《거울 나라의 앨리스(Through the Looking-Glass and What Alice Found There)》 중에서)

거울 나라에 들어간 앨리스가 아무리 달려도 주위 풍경이 똑같이 빠르게 움직여서 제자리만 뛰고 있는 것이 이상해 붉은 여왕에게 물었다. "왜죠? 우리는 계속 이 나무 아래에 있잖아요! 모든 것이 그대로에요!" 당황한 앨리스에게 붉은 여왕은, 여기는 주변 세계도 나와 함께 움직이기 때문에 조금이라도 더 앞으로 달려가고 싶으면 더 빨리 뛰어야 한다고 조언한다.

럭셔리 브랜드에서 일하는 것은 늘 100미터 달리기를 하는 것과 같았다. 세상보다 더 빨리 달려 멀리 언덕 위로 올라서서는 뒤쫓아오는 다른 이들을 맞을 준비를 해야 했다. 브랜드의 선조들이 세워놓은 그 높은 기준을 계속 유지하려면 늘 숨이 차도록 전력으로 질주해야 했다. 행사와 교육과 모든 퍼포먼스는 전 세계 모든 나라와 도시, 부티크들과 견주어 볼 때 더 완벽해야 했고 최고 결과를 보여주어야 했다.

브랜드 설립자의 철두철미한 철학이 DNA에 심어졌고 운동화 끈을 꽉 조인 채 두 배, 세 배 온 힘을 다해 뛰어야 했다. 숨이 턱에 차고 힘들었지만 어느 순간 주류에서 세계 최고들과 함께 달리고 있다는 기쁨은 그 무엇과도 바꿀 수 없었다.

무엇을 기대하든 그 이상

————

　뉴욕에서 열린 세미나는 《거울 나라의 엘리스》에서 붉은 여왕과 함께 달리는 것 같았다. 아침 7시 각국에서 온 트레이닝 매니저들은 최신 유행의 운동복을 입고 호텔 로비에 모인 뒤 호텔에서 몇 블록을 걸어가 미셸 오바마Michelle Obama도 즐긴다는 솔 사이클Soul Cycle에 앉았다. 자리를 잡고 보니 내 오른쪽은 로마 본사의 왕 상사님, 왼쪽은 아시아지사의 직속 상사님이 있었다. 저질 체력을 들키기 싫어서 영혼과 자전거가 하나가 될 때까지 온 힘을 다해 페달을 밟았지만 사이클에서 내려와서는 아무도 보지 않을 때 그대로 주저 앉아 버렸다.

　샤워하고 간단히 식사를 마친 뒤 바로 경쟁사를 탐구하려고 뉴욕 백화점의 명품 브랜드들과 신생 스파 브랜드들의 서비스 모니터링에 들어갔다. 아침부터 고된 운동을 한 터라 지쳤지만 백화점과 소호거리 가게들을 팀을 짜서 방문하며 그들이 어떻게 자신들의 브랜드를 스토리텔링하는지 평가하며 하루를 보냈다. 우리는 이탈리

▲ 명품거리로 유명한 뉴욕 맨해튼 5번
가의 프라다 쇼윈도 디스플레이

아 럭셔리 브랜드였지만 경쟁사는 어린이들과 부모들이 잔뜩 모여 엄청난 질문을 쏟아내는 레고 가게부터 로맨틱한 플라워 숍 그리고 버그도르프 굿맨Bergdorf Goodman의 명품 부티크까지 모든 브랜드를 망라했다.

우리는 세계의 쇼핑 중심에서 가장 고전적인 서비스부터 최신 유행 젊은 브랜드까지 경험했고 세세한 포인트까지 토론했다. 모든 세미나 일정 동안 이렇게 새벽부터 밤늦게까지 새로운 아이디어와

© Victoria Lipov

◀▲ 뉴욕 버그도르프 굿맨의 화려한
쇼윈도 풍경

영감으로 업그레이드되고 개조되기 위해 달리고 또 달려야 했다. 그때 세미나 주제는 "그 어떤 것도 불가능한 것은 없다(Nothing is impossible)"였다.

　럭셔리 브랜드에서 일하면서 살아남은 비결은 모든 것을 가능하게 만든 정신력이었다. 붉은 여왕과 함께 솔 사이클에서 페달을 네 배, 다섯 배 빠르게 밟으며 영혼을 달리는 것, 그것이 럭셔리 브랜드의 생존 방식이자 성공 전략이었다.

날개를 달고 날아오른 샤넬

20세기 여성 패션의 혁신을 선도한 프랑스의 패션 디자이너 가브리엘 샤넬Gabrielle Chanel은 주옥같은 말을 많이 남겼다. 그중에서도 나는 "날개 없이 태어났다면 날개가 자라는 것을 막지 마라"라는 말이 가장 샤넬답다는 생각을 한다. 지금도 그렇지만 100년 전에도 금수저를 입에 물고 태어나 무엇이든 하고 어디든 갈 수 있는 날개가 달린 여성은 많지 않았다.

그러나 생각지도 않게 가져본 적 없는 날개가 자라나는 것을 발견한다면 어떻게 해야 할까? 놀라움과 설렘도 잠시, 자라나는 날개가 두려워질 수도 있다. 그 두려움에 스스로 날개를 부러뜨리는 사람도 있을 것이다. 용기를 내어 날아올라도 곧바로 떨어져 바닥에 머리를 찧을까 봐 걱정되는 사람에게는 자라나는 날개가 두려운 존재일 수 있다. 그러나 샤넬은 비천하게 태어나 불우하게 자랐지만 자신의 날개로 혼자서 세상 밖으로 한껏 날아올랐다.

샤넬은 1883년 8월 프랑스 남서부 오베르뉴Auvergne에서 병든

© DSBfoto

▲ 샤넬 향수의 대명사 N°5

24

© Alamy

▲ 가브리엘 샤넬의 초상. 이 사진은 샤넬이 처음으로 모자 전문점을 오픈했던 26세(1909년)에 촬영되었다.

어머니와 바람둥이 외판원 아버지 사이에서 세 딸 중 맏이로 태어났다. 열두 살에 어머니가 폐결핵으로 돌아가자 아버지는 그와 동생들을 고아원에 버리고는 한 번도 찾아오지 않았다. 샤넬은 어린 시절 보육원을 전전하며 힘들고 외롭게 보냈다. 가톨릭 기숙학교에서 수녀들에게 바느질을 배운 샤넬은 열여덟 살에 도시로 도망쳐 낮에는 바느질을 하고 밤에는 비시와 물랭에 있는 카바레에서 노래하며 살아갔다.

당시 샤넬은 카바레에서 '코코리코Ko Ko Ri Ko'와 '누가 코코를 보았느냐(Qui qu'a vu Coco dans le Trocadero)'라는 노래를 즐겨 불렀는데, 여기서 코코가 애칭이 되어 이후 코코 샤넬로 불리게 되었다. 샤넬에게 구애했던 연인 에티엔 발장Étienne Balsan의 후원을 받아 1909년 첫 번째 모자 전문점을 열었다. 1910년에는 파리의 캉봉 21번지와 드빌에 '샤넬 모드'라는 모자 전문점 1, 2호점을 낸 후 '메종 드 쿠튀르'를 열었고, 1916년 컬렉션이 큰 성공을 거두었다. 1921년 샤넬은 향수 N°5와 연이어 N°22를 출시하면서 패션계와 사교계의 화려한 꽃이 되었다.

날개 없이 태어났지만 자신에게서 자라나는 날개를 발견한 샤

◀ 1928년 가브리엘 샤넬이 프랑스 비아리츠를 방문했을 때 모습. 자신이 디자인한 모자를 쓰고 저지 정장을 입고 있는데, 무릎 아래 길이의 치마는 당시에는 파격적인 복장이었다.

넬은 당당하고 힘차게 그 날개를 펼쳐 최정상으로 올라갔다. 샤넬이 날아오르고 싶었던 목적지가 안정되고 풍족한 삶을 보장하는 웨스트민스터 공작부인이었다면 영국의 공작 웨스트민스터의 프러포즈를 받아들였을 것이다. 그러나 샤넬은 "그동안 웨스트민스터 공작부인은 많았지만 샤넬은 오직 한 명이다"라고 말하며 그보다 더 높이 올라가려는 날갯짓을 멈추지 않았다. 샤넬은 여든이 넘어서도 일하러 나갔고 굽은 손가락으로 옷감을 매만지고 핀을 꽂고 가위질을 했다. 그리고 1971년 1월 10일 일요일 오후 거침없이 날던 고된 날개를 접었다.

사교계의 꽃이었던 샤넬이 살던 1910년대의 상류층 패션은 코르셋으로 허리를 조이고 화려한 레이스에 바닥에 끌리는 긴 드레스를 입는 것이었다. 불편함을 참으면서 화려하고 치렁치렁한 드레스

▶ 해군복 스타일의 줄무늬 상의 셔츠에 편안해 보이는 긴 바지를 입은 샤넬의 모습(1928년). 샤넬은 여자를 속박하던 고정된 패션에서 벗어나 편안하고 자유로운 스타일의 옷을 만들고 즐겨 입었다.

를 입고 상류층을 따라 하는 것이 럭셔리한 것이라는 사실을 이해할 수 없었던 샤넬은 숨쉬기 힘든 코르셋과 긴 치마에서 여성들을 해방해 주었다.

샤넬은 여자를 속박하던 고정된 패션에서 벗어나 남자 옷처럼 편하고 활동이 자유로운 바지를 만들어 자신이 가장 먼저 입었다.

여성스럽게 보이기 위해 꾸며진 고전적인 장식을 과감히 없애고 간결한 디자인의 모자와 어디서나 편안하게 입을 수 있는 여가복도 만들었다. 당시 남성의 운동복이나 속옷에 많이 사용되던 원단으로 무릎길이의 짧은 저지 스커트를 만든 것은 시대를 앞서가는 정말 놀라운 일이었다. 그뿐만 아니라 평소 불길하다고 여겨 장례식장에 갈 때나 입던 검은색 옷을 샤넬은 길이가 짧은 블랙 스커트로 시크하고 단순하면서도 세련되게 변형시켰다. 이 샤넬의 리틀 블랙 드레스Little Black Dress 패션은 여성에 대한 사회적 편견과 주류 문화의 지배적 통념마저 깨며 패션계의 관점을 바꾸게 된다.

샤넬은 옷차림이 귀족, 평민, 하층민 등 사회적 신분을 드러내

▲ 1929년 자신이 디자인한 슈트 정장과 모자를 쓰고 포즈를 취한 샤넬. 여성의 옷이 남성에게 잘 보이려는 것에 목적이 있지 않고 입어서 편해야 한다고 샤넬은 생각했다.

© Andrea Raffin

▲ 카를 라거펠트는 1982년 처음 샤넬에 디자이너로 영입되면서 성공적인 패션제국을 건설하고 샤넬을 럭셔리 브랜드로 한층 위상을 높인 인물로 평가받는다.

는 수단이 아니라 그것을 입는 사람의 개성, 인격을 드러내야 한다고 믿었다. 또한 사치스럽고 화려하지만 불편한 옷을 입으면서까지 남성에게 잘 보이려는 것이 아니라 입어서 편하고 만족스러운 옷을 만들어야 한다고 생각했다. 요조숙녀의 한 손에 들려서 손을 자유롭지 못하게 했던 클러치 타입 손가방에 처음으로 어깨끈을 달아 두 손에 자유를 찾아주었다. 이 어깨끈은 어린 시절 수도원에 있을 때 본, 수녀들의 가죽벨트에 걸린 열쇠 꾸러미에서 영감을 받아 가죽과 체인을 함께 엮어 웬만한 무게도 견딜 수 있었다.

자라나는 날개를 꺾지 않았다면 그다음은 힘차게 날아오르는 것이 뒤늦게 날개를 얻은 사람이 해야 할 일이다. 걱정 많은 어머니가 딸이 날아오르다가 떨어져 좌절하지 않도록 미리 안전한 둥지를 들이밀 수도 있다. 또는 날아오르는 과정이 고되고 힘들어 온갖 핑계를 대며 그만 날개를 접어버릴 수도 있다. 그러나 날아오름에 대한 두려움과 고됨이 없는 하늘은 멈춰 있는 창밖 풍경에 지나지 않는다.

독일의 패션 디자이너로 샤넬의 수석 디자이너였던 카를 라거펠트Karl Lagerfeld는 자기 어머니를 회상하며 이렇게 말했다.

"나는 항구 도시 함부르크에서 태어났다. 내 어머니는 이렇게 말씀하셨다. '여기는 세상으로 향하는 문과 같다. 문은 문일 뿐이다. 그러니 문을 열고 세상 밖으로 나가라.'"

문을 열고 세상 밖으로 나가 힘차게 날아오르는 사람은 무엇이든 될 수 있다. 온몸으로 부딪치는 바람과 헤치고 올라서야 하는 중력을 두려워하지 마라. 그 무게가 바로 자라나고 있는 내 날개의 중심을 잡아주는 등짐이다.

럭셔리 코드 읽기

"내 소명은 샤넬 재킷의 명성을 유지하는 것이 아니라 살아 있게 만드는 것이다."

–카를 라거펠트

진정한 명품은 죽어야 산다

유럽의 장인들은 스승의 기술을 창의적으로 뛰어넘어 다시 태어나야 인정받는다. 반면, 우리나라나 아시아의 장인정신은 스승한테 배운 것을 그대로 전승하는 데 초점이 맞춰진다. 스승을 찾아가 평생 그와 똑같이 할 수 있는 기술을 연마한다. 오랜 기간 끊임없는 '반복'으로 스승의 창작을 원형 그대로 '재현'해야 비로소 인정받을 수 있다. 그래서 몇 대를 거쳐도 원형의 기술을 가장 잘 보존하고 명맥을 잇는 사람을 수제자 명장으로 명하고 그 정신을 장인정신이라고 한다.

그러나 진정한 장인정신에서 가장 중요한 핵심은 바로 '진화'이다. 스승에게서 배운 원형의 기술에서 자기만의 창작의 혼을 불어넣어 새롭게 다시 태어나야 한다. 원형의 기술은 죽어 재가 되어 기름진 토양이 되고 그 위에 다시 새롭게 태어나야 비로소 진짜 장인이 될 수 있다.

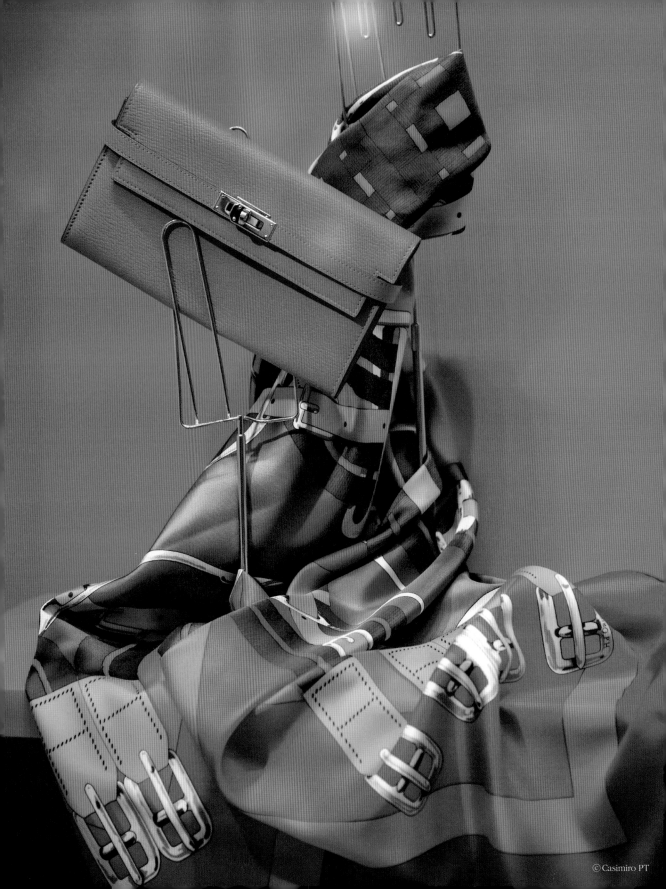

야누스가 바라보는 두 세계
'전통과 혁신'

오랫동안 사랑을 받는 럭셔리 브랜드들은 야누스의 두 얼굴처럼 과거의 전통을 지키고자 하는 얼굴과 새로운 미래를 바라보고 끊임없이 진화하는 또 다른 얼굴을 가지고 있다.

전통은 '혁신'과 함께 야누스Janus처럼 두 개의 얼굴을 가지고 있어야 하며 새로운 장인의 창의성 안에서 다시 태어나야 한다. 로마의 신 야누스는 한쪽 눈은 과거를, 나머지 한쪽 눈은 미래를 바라본다. 한곳에 머무르지 않고 시간이 요구하는 변화에 따라 끊임없이 진화하는 한편, 다른 쪽 눈은 지나온 시간 속에서 미래를 위한 연결점을 찾는다. 과거는 전통이 되고 브랜드의 무게중심이 되지만 지난 영화에 취해 그것만 바라본다면 구식이 되어 진부함에 빠지고 시대에 뒤떨어지게 된다.

세대를 지나며 오랫동안 명품으로 인정받는 브랜드들은 결코 과거의 한곳에 머무르지 않는다. 뒤처지지 않는 참신한 감각으로 그들이 가진 전통을 한 번 더 빛나게 한다. 180년 전 에르메스Hermès는 귀족들을 위한 마구용품 브랜드로 시작해 고집스러운 장인정신을 대물림하며 명실상부 가장 대표적인 명품 브랜드가 되었다. 몇 년을 기다려야 살 수 있는 고가의 켈리Kelly백과 버킨Birkin백 그리고 아름다운 스카프 카레carre 등 클래식한 브랜드 이미지로 고착될 수 있었지만, 가장 트렌디하고 파격적인 크리에이티브 디렉터에게 창의적인 디자인을 맡긴다.

▲ 팝스타 마돈나가 콘서트 무대에서 착용해 화제가 되었던 원뿔 모양의 브래지어가 달린 코르셋 의상(사진은 마돈나의 밀랍 인형)

1980년 에르메스는 여성복 디자이너로 에스모드 파리를 수석으로 졸업한 에릭 베르제르Eric Bergère를 영입한다. 약관의 젊은 디자이너를 파격적으로 기용하면서 에르메스는 더 젊고 경쾌한 이미지로 변모하게 된다. 이어 혁신적이고 전위적인 스타일로 '패션계 악동'이라 불리던 장 폴 고티에Jean-Paul Gaultier에게 과감하게 에르메스의 패션쇼를 맡긴다. 당시 장 폴 고티에는 학교 공부도 제대로 못한 패션계의 이단아 같은 인물이었다. 원뿔 모양 브래지어가 달린 팝스타 마돈나Madonna의 코르셋에서부터 남자 스커트까지 패션의 고정관념을 깨는 장 폴 고티에가 에르메스 디렉터가 된 것은 놀라운 일이었다. 그는 에르메스의 고급스러움과 전통을 이어가면서도 자신의 위트와 감각을 더해 에르메스를 재해석했다. 이후 1997년에는 벨기에 출신의 패션 디자이너 마틴 마르지엘라Martin Margiela를 발탁, 영입한다. 마르지엘라는 상식을 깨뜨리는 혁신적 아이디어로 에르메스를 아방가르드Avant-garde로 이끈다.

이렇게 에르메스는 가장 고전적이면서도 가장 혁신적인 두 세계를 동시에 볼 수 있는 스마트한 두 얼굴을 가지고 6대에 걸쳐 과거의 영화와 미래의 비전을 함께 보며 성공적인 브랜드가 되었다. 그리고 역사가 가장 오래되었지만 매일매일 새롭게 창의적인 혁신을 이뤄내고 있다.

요즘은 많은 사람이 '대세'를 이야기한다. 그들 이야기에 귀를

켈리백을 든 영화배우 그레이스 켈리가 모나코 라이니에 왕세자의 에스코트를 받으며 차에서 내리는 모습(1956년)

기울이다 보면 가끔 숨이 찬다. 트렌드에 따라 이리저리 흩날리는 시대의 나뭇잎을 쫓다 보면 그 나뭇잎이 떨어지기도 전에 세상은 증발해 버리기 때문이다.

　수면 위에서 살지 말자. 수면은 작은 바람의 일렁임에도 이것이 운명인가 의심한다. 수면에 머문다면 흥분되고 즐겁겠지만 한편 피곤하고 의심이 많아진다. 그러니 나의 깊은 뿌리에 신호를 보내자. 시대 흐름에는 흩날리는 나뭇잎처럼 그 바람에 충실하면서 동시에 지구의 핵에 맞닿아 있는 핵심 철학은 잊지 말자. 뿌리의 깊은 울림을 가슴으로 듣고 움직인다면 내가 바로 '대세'가 될 수 있다.

▲ 에르메스의 화려한 색상의 스카프. 에르메스는 매년 〈에르메스 국제 카레 스카프 디자인 공모전〉을 통하여 일러스트 작가나 그래픽 디자이너들의 작품을 제품으로 내놓는다.

소프트웨어 트렌드를 잡는
하드코어 럭셔리 정신

우리에게 트렌드는 참 중요하다. 트렌드에 뒤처진다는 것은 경제적·사회적으로 부적응하는 것은 물론 고리타분하게 과거를 고집하는 꼰대가 될 수 있다는 것을 의미한다. 그런 트렌드가 때로는 하룻밤 사이에 허리케인이 되어 우리가 사는 사회를 휩쓸고 지나가기도 한다. 어제까지 꽤 쓸 만했던 생각이 하루아침에 진부해지기도 한다. 그래서 어떤 것이 최근 트렌드인지 늘 귀를 쫑긋 세워야 하고 요즘 어떤 신조어가 유행하는지 틈틈이 검색도 해봐야 한다. 우리 사회처럼 유행과 트렌드에 민감하고 속도까지 빠른 곳이 또 있을까 싶다.

2013년 '국민요정'이라고 불리는 피겨스케이팅 김연아 선수가 대회 순서 조 추첨을 기다리면서 자기도 모르게 초조해져 립밤을 꺼내 마른 입술에 바르는 것이 카메라에 잡힌 적이 있다. 1초도 안 되는 순간이었는데 '연아의 립밤'은 바로 검색어 1위가 되었다. 더

▲ 홍콩의 쇼핑몰에 전시되어 있는 크리스챤 디올 화장품. 2013년 김연아 선수에 의해 '연아의 립밤'으로 갑자기 화제가 되면서 디올의 어딕트 립 글로(Addict Lip Glow)라는 제품이 엄청난 인기를 끌었다.

놀라운 것은 바로 다음 날 아침 백화점이 문을 열기도 전에 줄을 서 있던 여성들이 문을 열자마자 매장으로 뛰어들어 그 립밤을 앞다퉈 구입했고, 며칠 되지 않아 그 립밤은 전국적으로 품절되었다는 것이다.

한국지사는 어찌 된 일인지 영문을 몰라 어리둥절했다가 긴급 회의를 열어 대책을 논의했다. 급기야 주변국은 물론 멀리 프랑스 본사에서 재고를 싹 쓸어 담아 비행기 급행으로 들여왔다. 한동안 연아의 립밤은 광고 한 편 없이 우리나라 국민 립밤이 되었고 그 립밤 색은 가장 트렌디한 색이 되었다. 우리나라의 유행, 트렌드는 이렇듯 빠르게 바로바로 반응한다. 이 트렌드의 중심에서 벗어나면

영문도 이유도 모른 채 뒤처진 사람이 된다. 그러나 트렌드는 바람에 흔들리는 나뭇잎들의 아우성 같다. 나무의 크고 듬직한 깊은 뿌리가 없다면 흔들리는 잎새들은 순간이고 찰나가 되어 바람의 의미도 모른 채 이리저리 떨어져 흩어지고 만다.

깊게 서서히 흐르는 대지의 맥을 짚는 원숙한 뿌리를 내린 브랜드가 되어야 한다. 잠시 지나가는 미약한 바람에 날아가 버리지 않게 잡아주는 뿌리가 바로 하드코어 '럭셔리 정신'이다. 럭셔리 브랜드는 세대를 이어온 실험정신을 바탕으로 많은 시행착오를 거치며 요동치는 트렌드 속에서 무게중심을 잡는 방법을 안다.

럭셔리 브랜드는 세상의 변화에 따라 잔물결에 흔들리지 않고 긴 호흡으로 멀리 내다볼 수 있는 강한 인내심과 꾸준함으로 무장해야 살아남는다.

프라다 하우스의 패션 브랜드 미우미우(MIU MIU) 부티크 매장의 쇼윈도 디스플레이(이탈리아 밀라노)

럭셔리 브랜드의 실험정신과 인내심, 완벽주의 정신은 세상의 잔물결에 흔들리지 않고 멀리 바라볼 수 있게 하는 든든한 뿌리와 같다. 그 깊은 뿌리가 있어야 작은 곁가지를 지나는 상쾌한 바람 한 점을 잡고 지금 시대가 원하는 것을 해석할 수 있다. 럭셔리 정신이라는 하드코어 없이 순간에 흔들리는 트렌드는 허공에서 흩어져 버릴 화려한 불꽃에서 재밖에 되지 않는다.

▲ 이탈리아 밀라노 프라다 매장에 전시되어 있는 하이힐. 커다란 단추를 오브제로 사용한 디자인이 시선을 끈다.

여행 가방의 혁명
트리아농 그레이 캔버스

▲ 루이비통을 창업한 루이비통 말레티에. 1854년 루이비통은 외제니 황후의 후원을 받아 파리에 첫 번째 매장을 열었다.

19세기 중엽, 며칠 동안 달려 국경을 넘으면서까지 사교 파티에 가는 귀족들의 마차 뒤에서는 화려한 드레스와 패티코트, 구두 수십 켤레, 식기까지 온갖 물품이 가득 담긴 커다란 트렁크 수십 개가 덜컹거렸다. 비가 내리면 무겁고 둔탁한 가죽 트렁크에 세찬 빗물이 그대로 떨어져 흘러내렸다. 트렁크 안에 가득 든 비싼 드레스들이 젖지 않으려면 두껍고 튼튼해야 했던 만큼 트렁크는 매우 무거울 수밖에 없었다. 게다가 빗물이 고이지 않는 둥근 돔 모양 뚜껑 때문에 트렁크 여러 개를 포개서 쌓아 올리기도 어려웠다.

루이비통은 가죽 대신 표면에 풀을 먹여 방수 기능을 더한 캔버스를 개발하여 베르사유궁의 별궁 이름을 따서 '트리아농 그레이 캔버스 트렁크Trianon Gray Canvas Trunk'라고 이름 붙였다. 그리고 반구형 트렁크 뚜껑을 편편하게 만들어 여러 개를 안정적으로 쌓아 올리게 했다. 빗물과 습기에 곰팡이가 슬고 갈라지기 쉬운 가죽 대신

은회색 방수 캔버스를 가벼운 포플러 목재 위에 씌웠다. 캔버스 천을 고정하기 위해서는 금세 녹슬어 트렁크의 나무를 갈라지게 하던 못 대신 리벳과 아교를 사용했다. 한 통으로 되어 있는 트렁크 내부를 칸으로 구획하고 서랍을 달아서 장신구를 따로 보관할 수 있게 했다.

신선하고 파격적인 혁명을 추구한 루이비통의 트렁크는 귀족이라면 반드시 가져야 하는 '머스트 해브must have' 아이템이 되어 매장에 나오자마자 팔렸다. 루이비통은 자신의 첫 번째 매장인 '뇌브 데 카퓌신 4번가4 Rue Neuve des Capucines'에서 프랑스 최초의 철도선인

▲ 1859년 프랑스 파리 북서부 아스니에르에 설립된 루이비통 작업장에서 트렁크를 제작하는 작업자들의 모습

▲ 1888년 아스니에르 루이비통 공방
에서 일하는 30명가량의 직원과 트리
아농 그레이 캔버스 트렁크가 가득 실
린 여행용 마차

'파리 생제르맹Paris Saint Germain'이 건설되는 것을 지켜보았다. 이미
루이비통 트렁크는 귀족들에게 귀족임을 증명하는 여행의 필수품
이 되어 성공 가도에 올라섰지만 루이비통은 변화하는 세상 속에서
멈춰 있지 않았다.

　루이비통은 기차에 이어 자동차, 항공 등 새로운 교통수단이
나오자 이에 맞춰 끊임없이 변모하며 가벼운 트렁크와 손으로 들
수 있는 소프트 백을 만들었다. 이렇듯 모든 브랜드의 아이템은 시
대와 고객의 요구에 따라 변화하고 진화한다. 그러나 그 안에 핵심
코어가 되는 브랜드의 DNA는 잃지 않으면서 세상보다 더 앞서 혁

1901년에 제작된 루이비통의 광고 일러스트

신적으로 진화해 나가는 것은 결코 쉬운 일이 아니다. 160년이 넘도록 자신의 DNA인 '여행'을 중심에 두고 계속 진화하고 있는 루이비통이 다음에는 어떤 혁신을 이뤄낼지 그 여정이 기다려진다.

　루이비통 말레티에Louis Vuitton Malletier는 1821년 8월 4일 프랑스 동부 알프스 산기슭 앙쉐 마을의 목공소 집안에서 태어났다. 루이비통은 어릴 적부터 목수인 아버지에게서 자연스럽게 나무 다루는 법을 배웠다. 아버지가 재혼하자 열네 살에 집을 나온 루이비통은 온갖 잡일을 하며 여비를 마련해 파리로 향했고, 500킬로미터를 걸어 2년 만인 1837년 파리에 도착했다.

　난생처음 파리로 여행하면서

▲ 루이비통의 가족 사진. 큰아들 조르주 비통(맨 왼쪽)과 부인 조세핀 파트렐. 그리고 쌍둥이 형제 가스통 루이와 페에르 장의 모습이다.

온갖 고생을 한 덕에 단단해진 루이비통은 당시 유명한 가방 제조 전문가 무슈 마레샬Monsieur Marechal을 찾아갔다. 그리고 마레샬 밑에서 일을 배우며 트렁크 메이커로서 경력을 시작했다. 꼼꼼하고 손재주가 뛰어났던 루이비통은 많은 소품을 싣고 몇 달씩 여행하는 귀족들의 트렁크를 포장하는 최고 패커packer로 소문이 났다. 손끝이 야문데다 센스가 넘치던 그는 프랑스 황제 나폴레옹 3세의 부인 외제니 드 몽티조Eugénie de Montijo 황후의 전담 패커가 되었다. 패커로는 당대 최고로 인정받은 것이다.

1854년 루이비통은 자기 이름을 건 첫 매장이자 포장 전문 숍을 열었다. 그의 재능을 높이 산 외제니 황후가 후원을 해준 것이다. 이 전문 숍이 바로 루이비통 브랜드의 시작이었다. 당시 루이비통 간판에는 "망가지기 쉬운 물건을 안전하게 포장해 드립니다. 의류 포장에 특화되어 있습니다"라는 문구가 있었다.

루이비통은 패커로 일하면서 고객이 어떤 부분에 욕구가 많은지 누구보다 잘 알게 되었고, 어릴 때 아버지에게서 배운 목재 지식을 바탕으로 제작자로도 성공했다. 자신이 하는 일을 가장 잘 알면서 그것이 어떻게 발전해야 하는지 알게 되면 '혁신'은 단단한 디딤돌이 되어 다음 단계로 진화하게 마련이다. 이로써 그는 혁신의 디딤돌을 딛고 여행용 트렁크와 가방 브랜드의 상징이 되었다.

▲ 프랑스 황제 나폴레옹 3세의 부인 외제니 드 몽티조 황후의 초상화

컬러풀한 가방 장식을 오브제로 활용한 루이비통 매장의 인테리어 디자인(2015년 홍콩) ▶

© Sorbis

나비 날개를 모티브로 디자인한 루이비통 쇼윈도 디스플레이(2018년 폴란드 바르샤바)

이제 사람들은
말을 타고 여행하지 않는다

▲ 에르메스 창업자 티에리 에르메스의 초상. 티에리 에르메스는 귀족들을 위한 마구용품 제작으로 시작해 세계적인 명품 브랜드를 탄생시켰다.

에르메스의 3대손 에밀 모리스Emile Maurice Hermès는 1920년대에 미국으로 출장을 갔다가 포드자동차 공장을 견학하게 되었다. 그는 자동차들이 기계를 이용해 대량으로 생산되는 모습을 보고 충격에 빠졌다. 그때 에르메스는 창업자 티에리 에르메스Thierry Hermès와 그 아들에 이어 3대째 대를 잇는 최고 마구용품 브랜드였다. 파리 거리에는 말이 무려 9만 마리나 돌아다녔고, 말 운송업은 오랫동안 호황을 누려 그야말로 에르메스의 시대였다.

에르메스는 제1차 세계대전이 한창일 때도 프랑스 기병대에 안장을 공급하는 등 사업을 안정되게 이어갔다. 귀족과 왕실은 물론이고 세상 사람들은 에르메스의 가죽 수공 기술에 찬사를 보냈고, 장인들의 한 땀 한 땀 수작업을 참을성 있게 기다렸다. 그렇지만 에밀 모리스는 미국 포드자동차 공장에서 대량생산 시스템을 보면서 세상 사람들이 조만간 더는 말을 타지 않고 비행기와 자동차로 여

행하는 산업이 성장할 거라고 예견했다.

　　프랑스로 돌아온 에밀 모리스는 마구제품에서 여행과 생활용품으로 생산시스템을 전환해 가방, 벨트, 옷, 장갑 등 부티크 사업을 본격적으로 시작했다. 새로운 산업의 발달로 여행을 더 많이, 더 멀리 다닐 것으로 확신하고는 이 분야에 에르메스의 핵심 헤리티지와 최고 기술을 적용한 것이다.

　　얼마 지나지 않아 안장, 재갈 같은 마구용품을 만들던 장인들은 모두 파산했다. 거대한 시대의 전환점에서 에르메스가 살아남은 것은 에밀 모리스가 미래를 내다보고 창의성에 기반을 두어 상품을 전환하고 다양화한 덕분이다. 에밀 모리스는 영어에 능통했을 뿐아니라 세계일주 여행을 다니던 여행가였다. 그는 아르헨티나에 갔

▲ 1923년 에르메스의 제품 광고. 골프백과 여행 가방, 화장대, 담배 케이스 등과 함께 마구제품으로 주력 상품인 안장이 나열되어 있다.

에밀 모리스는 캐딜락 자동차 후드에 달린 지퍼를 보고 착안하여 에르메스 가방에 세계 최초로 지퍼를 적용한 볼리드백을 만들었다.

다가 그곳 카우보이들이 작은 가방에 안장을 넣어 다니는 것을 보고 돌아와 HAC 안장 가방을 개발했다. 러시아에 여행 가서는 러시아 마지막 군주가 되는 니콜라이 2세Nicholas II 황제에게 마구와 안장을 주문받아왔다.

제1차 세계대전 중 미국에 간 에밀 모리스는 캐딜락의 후드에 달린 지퍼를 보고 무릎을 쳤다. 그는 돌아오자마자 지퍼의 특허권을 따낸 뒤 세계 최초로 지퍼 달린 볼리드Bolide백을 출시했다. 그는 자신이 만나는 세상이 말과 마구용품으로 되어 있지 않아도 자신의 깊은 뿌리와 연결해서 진화된 에르메스를 창조해냈다. 정말 다행인 것은 에밀 모리스가 포드자동차 공장을 보고 와서 에르메스 공방을

© Camera Rules

◀ 1939년 에르메스 매장의 쇼윈도를 둘러보는 에밀 모리스의 모습. 에르메스의 창업자 3대손인 에밀 모리스는 제품을 다양화하고 고급화를 꾀하면서 상류층 고객을 늘려나갔다.

대량생산하는 기계 시스템으로 바꾸지 않은 것이다. 또 에르메스 자동차를 만들어 자동차 브랜드가 되지 않은 것에 가슴을 쓸어내린다. 그는 누구보다 자기 DNA의 핵심 코어가 장인의 마구용품에서 탄생한 '여행과 생활용품'이라는 것을 잘 알았다.

에밀 모리스의 할아버지, 즉 에르메스를 창립한 티에리 에르메스는 콜로뉴에서 그리 멀지 않은 라인강 외쪽 강변 마을 크레펠트에서 여인숙을 하던 디트리히 에르메스와 아그네스 사이에 6남매 중 막내로 태어났다. 티에리의 큰형은 나폴레옹의 병사로 전쟁터에 나갔다가 전사했고, 부모와 다른 형제자매는 병으로 세상을 떠났다.

▲ 이탈리아 밀라노 에르메스 매장에
전시되어 있는 가방과 장갑(2017년)

열다섯 살에 고아가 된 티에리는 1821년 친구와 함께 파리까지 걸어가 당시 가장 안정된 기술인 마구용품 공예를 배웠다. 1837년, 손재주가 좋고 꼼꼼해서 좋은 안장을 잘 만든 티에리는 파리 마드 레인광장 주변에 유럽 귀족들을 위한 마구용품 공방을 열었다. 그리고 세계박람회에서 1등을 하면서 왕실과 귀족들에게 최고 제품으로 인정받았다.

1859년 티에리는 둘째 아들 샤를 에르메스에게 회사를 물려주었고, 1878년 샤를은 아버지가 이미 1등을 했던 박람회에서 또다시 1등을 하면서 에르메스 브랜드의 명성을 더욱 단단하게 쌓았다. 샤

▲ 러시아 모스크바 GUM 백화점 에르
메스 부티크 매장의 쇼윈도(2021년)

를은 말이 도망가는 것을 방지하는 마구를 비롯해 말과 승객을 모두 보호할 수 있는 마구를 발명하기도 했다. 사업은 더욱 확장되었고 안장과 경마 기수복을 생산하는 아틀리에를 두 개 더 열었다. 샤를의 네 자녀 중 에밀 모리스가 에르메스를 물려받아 격변하는 세계에서 혁신적인 브랜드를 창조하게 된다.

BRIDES de GALA
par
HERMÈS PARIS

남장한 다섯 자매와
그 어머니 아델

1925년, 젊은 부부인 에두아르도 펜디Edoardo Fendi와 아델 카사
그란데Adele Casagrande는 로마의 명품거리인 비아 델 플레비시토에
모피와 가죽공방인 '펜디Fendi' 부티크를 열었다. 펜디는 감각 있는
모피 패션과 마구 장인들에게서 배운 가죽공예 수작업으로 로마 상
류층 사이에서 점점 유명해졌다.

부드럽지만 내구성이 강한 로만 카프 스킨(calf skin, 송아지 가죽)에 손
바느질 기법으로 셀러리아 컬렉션(색깔이 다양한 스트랩을 취향대로 교체할 수 있는
것이 가장 큰 특징인 컬렉션)을 새롭게 출시하며 사업을 일궈나가던 중 남편
에두아르도가 그만 세상을 떠나고 말았다. 혼자 남게 된 아델은 마
침 학교를 마친 다섯 딸과 의논했고, 딸들은 모두 엄마 아델을 도와
경영에 참여하기로 했다. 첫째 파올라Paola는 주요 사업인 모피, 둘
째 안나Anna는 가죽제품, 셋째 프랑카Franka는 고객서비스, 넷째 카를
라Carla는 사업관리, 막내 알다Alda는 영업을 담당했다.

▲ 1925년 펜디를 창업한 아델 카사 그
란데. 남편과 사별한 후에는 다섯 딸과
함께 사업을 일궈나갔다.

▶ 아델의 다섯 딸. 첫째 파올라를 비롯해 막내 안나까지 아델의 딸들은 학업을 마치자마자 모두 각자 사업을 맡아 펜디의 경영에 참여하게 된다.

제2차 세계대전이 막 끝난 1945년 당시 이탈리아와 유럽 등에서 여성이 사회에 진출하는 것은 아주 보기 드문 일이었다. 그래서 아들이 없으면 가업은 사위가 물려받는 것이 당연한 관례였다. 그러다 보니 펜디의 다섯 자매는 남장을 하고 미팅이나 박람회에 나가야 했다. 남자들이 여자와 같이 사업을 논의하는 것을 용납하지

않았기 때문이다. 이러한 사회 분위기에서 하나도 아니고 딸 다섯 명이 모두 열정적으로 일할 수 있었던 것은 어머니 아델의 깨어 있는 사고 덕분이었다. 그리고 이것은 그 시대에는 혁명과 같은 일이었다. 혁명은 모든 사람이 '그렇다'고 할 때 '아니다'라며 세상의 기류와 다르게 자기 생각대로 펼치고 나아가는 것이다.

다섯 자매가 모두 결혼해서 남편이 있었지만 그들은 회사 경영에 참여하지 않았다. 자매들끼리 다툼 없이 다음 세대로 사업을 다시 계승시키는 것이 가능했던 것은 비즈니스 우먼이자 어머니로서 앞선 의식이 있었기 때문이다. 현재 펜디의 크리에이티브 디렉터인 아델의 손녀 실비아 벤투리니 펜디Sylvia Venturini Fendi는 어렸을 적 사

▲ 펜디의 상징적인 건물이 된 팔라초 델라 치빌타 이탈리아나. 2015년 제2차 세계대전 이후 오랫동안 방치되었던 건물을 신사옥으로 결정하고서 펜디가 이주하자 전 세계에 화제가 되었다.

디자이너 카를 라거펠트와 함께 패션쇼 런웨이를 걷고 있는 실비아 벤투리니(2017년 이탈리아 밀라노)

촌들과 함께한 아름다운 추억을 이야기하곤 한다. 펜디의 일로 항상 바쁜 엄마와 이모들이 저녁에 들어오면 사촌들과 벽에 흰색 스크린을 설치하고 모였다. 그리고 어두운 거실에서 함께 영화 필름을 돌려 보면서 미래에 대한 상상의 날개를 펼쳤다.

다섯 딸에 이어 실비아 벤투리니 그리고 그녀의 딸 델피나 델레트레즈 펜디까지 여성이 저력을 발휘하는 이 집안의 역사는 계속되고 있다.

한참 지나고 나면 쉬운 일처럼 보이지만, 누구나 당연하다고 생각하는 것을 그 자리에서 거스르기는 쉽지 않다. 그러기에 혁명적인 마음 자세가 없으면 세대를 잇는 명품은 탄생하기 어렵다.

▲ 사업관리를 맡아 펜디를 이끌어온 아델의 넷째 딸 카를라 펜디 (2012년)

언젠가 한 프렌차이즈 치킨집에 갔다가 한쪽 벽에 가득 그려져 있는 추억의 그림을 보고 생각에 잠겼다. 소독약통에서 하얀 연기를 뿜는 트럭을 동네 아이들이 따라가는 재미있는 그림이었다. 사람들이 어린 시절의 아련한 한 자락을 소환해 안줏거리가 될 만한 따뜻한 그림이었다. 그런데 나는 그 벽화를 따뜻한 마음으로만 볼 수 없었다. 소독차의 연기를 따라가는 아이들을 그린 단순한 그림에서조차 여자아이는 넘어지고 울고 뒤처져 있었다.

우리 사회에서는 아직도 별것 아닌 데서도 여성은 열등하고 징

펜디 매장의 쇼윈도 디스플레이(2017년 이탈리아 밀라노)

FENDI

시간이 흐르고 나면 쉬운 일처럼 보이지만, 누구나 당연하다고 생각하는 것을 다르게 생각하고 거스르기는 쉽지 않다. 혁명적인 마음 자세와 도전이 없으면 세대를 잇는 명품은 결코 탄생하지 못한다.

징거리고 뒤처지는 성가신 존재로 그려진다. 더 어이없는 것은 이 그림에서 문제점을 발견해 보라는 나의 무거운 물음에 함께했던 사람들이 마치 화석이 되어버린 14세기 애국소녀 잔 다르크Jeanne d'Arc를 발견한 듯한 표정을 지은 것이다. 70년 전, 바지를 입는 여성이 사회생활을 하는 것은 감히 상상도 하지 못할 때 딸들에게 당당하게 가업을 물려준 이탈리아 어머니 아델의 미래정신은커녕 아직도 우리는 600년 전 잔 다르크의 페미니즘보다 애국심만 기억하는 것이 안타깝다.

불가리,
아무도 가지 않은 길을 가다

소티리오 불가리Sotirio Bulgari는 그리스 북서부에 있는 에피루스
라는 작은 마을에서 대대로 은세공업을 하는 가문의 아들로 태어났
다. 소티리오는 1881년 은세공 도구 보따리를 들고 홀연 이탈리아
로 넘어온다. 그리고 핀치오에 있는 프랑스 아카데미 앞 노점에서
자신이 만든 은제품들을 팔았다. 은 장식품이 입소문을 타고 날개
돋친 듯 팔려나가자 소티리오는 1884년 로마의 시스티나 거리에
최초로 보석 상점을 열었다. 그러나 얼마 후 불이 나는 바람에 상점
이 완전히 타버렸다.

한순간 모든 것을 잃은 소티리오는 절망했지만 그대로 주저앉
을 수는 없었다. 다 타고 재만 남았지만 소티리오의 열정만은 다시
타올랐다. 그는 주먹을 불끈 쥐고 부드럽지만 강한 은주물에 열과
성을 다했다. 그는 자연에서 영감을 얻은 은세공품들에 회화적 요
소를 입혔는데 이것이 날로 유명해졌고, 그 덕분에 1905년 로마의

▲ 1857년 그리스에서 태어난 소티리
오 불가리는 이탈리아 로마로 이주해
1884년에 자신의 이름을 딴 상점을
열었다.

▲ 명품 매장이 즐비해 쇼핑의 거리로
유명한 이탈리아 로마 콘도티 거리의
불가리 부티크 매장 전경(1920년)

중심지인 콘도티 10번가로 매장을 옮기게 된다.

이 매장이 불가리의 상징이 된 '로마 비아 콘도티Via Condotti 플래그십 스토어'다. 당시 매장의 영문명은 빅토리아 시대에 활동한 소설가 찰스 디킨스Charles Dickens가 쓴 소설의 제목과 같은 '오래된 골동품 상점Old Curiosity Shop'이었다. 그 당시 이 책이 얼마나 인기 있었는지 수많은 독자가 소설의 주인공 넬을 실존 인물로 착각하는 일까지 일어났다. 그리고 넬을 불쌍하게 만들지 말라는 편지가 작가 디킨스에게 밀려들었다. 소티리오는 이 소설의 인기를 빌려 브랜드에 귀족적 이미지를 부여할 뿐 아니라 당시 유행처럼 번진 그랜드

불가리는 전통적인 주얼리 세공법에서 벗어나 독창적이고 과감한 장식을 도입하고, 보석의 화려한 컬러를 극대화한 새로운 제품들을 만들어 냈다.

투어를 즐기던 영국과 미국 관광객의 눈길을 끌려고 한 것이다.

당시에는 프랑스의 우아하고 현란한 세공법이 주얼리의 정석처럼 받아들여졌다. 까르띠에, 쇼메, 반클리프&아펠, 부쉐론 등 프랑스의 주얼리 브랜드가 프랑스 왕조의 전담 브랜드로 성공했기에 더욱 누구나 당시 트렌드인 프랑스 주얼리 세공법을 따랐다. 그러나 뭔가 남들과 다르게 하고 싶었던 소티리오와 그의 두 아들 콘스탄티네Constantine-Georgios와 레오니다스Leonidas-Georgios는 과감히 프랑스식에서 벗어나기로 결정했다. 그리고 그리스·로마의 고전주의를 바탕으로 이탈리아 르네상스풍의 대담하고 독창적인 예술가 정신을 제품에 담았다.

◀ 뱀을 모티브로 제작한 불가리 주얼리(2019년 러시아 모스크바 크렘린 박물관)

영화배우 드류 베리모어와 니콜라 불가리 부회장(2012년 미국 비벌리힐스)

불가리는 그리스·로마의 정통성을 표방하기 위해 브랜드 표기에 고대 로마식 표기법을 따랐다.

　　이들은 세련되고 도시적인 프랑스식 세공과 다른 이탈리아풍 아름다움을 담은 작품에 과감한 색감으로 자유로운 감성을 풍부하게 표현했다. 이런 전략은 주효해서 관광객들의 발길을 사로잡았다. 시대의 정석처럼 받아들여 왕족과 귀족, 그들의 장인들 모두가 따르는 기법에서 한 걸음 더 나아가 자신만의 길을 새로 만든 불가리는 1934년, 불가리 가문의 철자 'BULGARI'를 고대 로마식 표기법으로 바꾸었다. U자 대신 V를 써서 'BVLGARI'로 브랜드를 표기함으로써 그리스·로마의 정통성을 이어받은 브랜드임을 소비자에게 어필하고자 한 것이다.

　　불가리의 보석 디자인은 고전적인 아름다움을 추구하면서도 매우 현대적이다. 동전처럼 일상에서 흔히 접하는 물건에서 모티브를 발견하기도 하고, 로마의 건축물이나 수많은 예술작품에서 모티브를 가져오기도 한다. 그래서인지 그리스·로마 시대의 오래된 주화를 주얼리로 디자인한 제품들도 많이 볼 수 있다. 니콜라 불가리

Nicola Bulgari 부회장은 "은으로 만든 보석은 어떤 재료를 어떤 비율로 어떻게 혼합하느냐에 따라, 또 어떤 방식으로 단련하느냐에 따라 같은 재료라도 수천 달러짜리 주얼리가 되기도 한다. 그래서 불가리는 굳이 전통적인 프랑스 방식을 따를 필요가 없었다"라고 말했다. 이것은 불가리가 독자적인 정체성을 유지하면서 높은 품질과 예술적인 창의성에 집중하고 있다는 말이다.

소티리오와 두 아들이 이탈리아를 대표하는 명품 불가리를 만드는 것을 102세까지 살면서 지켜본 어머니는 자식들에게 "항상 겸손하되 스스로 자랑스럽게 여겨라. 그러려면 스스로 당당해야 하고 어디 내놓아도 언제나 떳떳한 제품을 만들어야 한다"라고 말했다. 어머니의 이 말이 바로 140년 역사 속에서 아무도 가지 않은 길을 당당히 걸어가고 있는 불가리 철학을 그대로 보여준다.

예언의 불꽃, 시대를 앞서가다

제2차 세계대전이 유럽을 휩쓰는 와중에 폐허가 되어버린 파리의 패션계에 1947년, 크리스티앙 디오르Christian Dior가 지금까지 칙칙하고 어두운 밀리터리룩과 달리 허리가 잘록하고 풍성하고 우아한 여성복인 '뉴룩New Look'을 발표했다. 그리고 그 패션쇼 다음 날 디오르는 유럽에서 가장 인기 높은 패션 디자이너로 다시 태어났다.

하지만 이보다 10년 앞선 1930년대에 이미 크리스토발 발렌시아가Cristóbal Balenciaga가 디오르와 같은 룩을 발표했다. 발렌시아가는 디오르가 로맨틱하고 우아한 여성의 뉴룩으로 극찬받을 때 디오르와 정반대로 와인통-Barrel wine 실루엣을 발표했다.

허리를 조이는 것이 아니라 정반대 패션으로 재킷 뒷부분에 넉넉히 여유를 준 '세미 피티드 재킷Semi Fitted Jacket', 가느다란 팔과 팔찌를 돋보이게 하는 7부 길이의 '브레이슬릿 소매Bracelet Sleeves', 편하게 허리선을 없앤 '튜닉 드레스Tunic Dress'와 누에고치처럼 허리 부분이 오히려 통통하게 부풀어 오른 코쿤라인Cocoon Line이 그것들이

▲ 허리 부분을 조여 여성미를 강조한 크리스티앙 디오르의 드레스(왼쪽)와 반대로 허리 부분을 부풀어 오르게 한 발렌시아가의 코쿤라인 코트

었다. 이는 실제로 10년 뒤 유행하게 되는 벙벙한 실루엣들이었다. 발렌시아가는 시대의 유행을 좇지 않고 자신의 감각에 따르는 앞서가는 트렌드를 선보이면서 괴짜로 여겨지기도 했다. 그러니 디오르는 10년 뒤늦게 발렌시아가와 비슷한 디자인을 발표해 주목을 받은 것이다.

패션을 몇 단계씩 선도하며 마치 미래의 패션 트렌드를 미리 보여주는 것 같은 발렌시아가를 보고 미국의 패션잡지 《보그Vogue》는 '예언의 불꽃'이라고 했다. 발렌시아가는 모든 사람이 당연하다

고 생각하는 일상에서 다른 관점으로 새로운 룩을 제안했던 디자이너들의 혁신에서도 한 걸음 더 나아가 10년을 앞서는 패션을 예언했는데, 이는 자기 신뢰에서 시작된 자신감이 있었기에 가능한 일이었다.

발렌시아가는 자신이 스케치만 하고 작업은 재단사에게 맡기는 다른 많은 디자이너와 달리 직접 디자인, 재단, 패턴, 재단, 손바느질까지 모두 완벽하게 할 수 있는 몇 안 되는 쿠튀리에couturier였다. 그래서 영감이 떠오르는 대로 재단하며 옷의 다양한 볼륨을 자유자재로 창조해 재단의 마술가로 불렸다. 어릴 때 어머니에게서 배운 재단 실력으로 당대 위대한 패션 디자이너가 된 발렌시아가는 누구보다 자신의 천재성과 실력을 믿었다. 그랬기에 누구도 따라 할 필요 없이 자기 감각을 당당하게 주장할 수 있었다.

디오르의 뉴룩이 유행하면서 부활한 패티코트를 입으려면 허리를 잘록하게 조여야 했다. 그러나 발렌시아가는 내 옷을 입으려고 몸매가 완벽해질 필요가 없다고 자신만만하게 말했다. 또 여성들은 각자 스타일을 이해하고 필요한 걸 가장 잘 찾아주는 천재적인 디자이너를 만나야 한다고 주장했다. 그 디자이너는 바로 그 자신, 천재이자 완벽주의자인 발렌시아가였다.

그의 이런 자신감은 바로 기본에서부터 모든 과정을 다 잘 소화할 수 있다는 실력에서 오는 것이었다. 그는 설계는 건축가, 형태는 조각가, 색채는 화가, 조화는 음악가, 절제는 철학자처럼 한다고 당당하게 이야기했다. 또 자신의 높은 기준과 고객의 욕구에 따라 최고 의상을 제작하기 위해 현실과 타협하지 않는 완벽주의자였다. 에스파냐 출신답게 에스파냐의 야성미와 프랑스의 고전적인 멋을

◀ 젊은 디자이너 시절의 발렌시아가(32세, 1927년 파리)

융합한 그의 컬렉션은 파리 패션계의 큰 주목을 받았다. 그래서 그는 '파리 모드계의 교황'이라고 불리기도 했다.

▲ 발렌시아가는 어려서부터 재봉사였던 어머니의 영향을 받아 옷 만드는 일에 흥미가 많았다.

1895년 1월 21일, 스페인의 바닷가 작은 마을 구타리아Guetaria에서 태어난 발렌시아가는 아버지는 어부, 어머니는 재봉사였다. 어려서부터 어머니가 일하는 재봉틀 옆에서 시간을 보내며 재봉에 흥미를 느낀 어린 발렌시아가가 어머니 어깨너머로 배운 솜씨가 상당했다. 열세 살이 된 어느 날, 드라마처럼 그의 인생을 바꿔주는 운명적인 사람을 만나게 된다. 바닷가에 놀러 온 귀족 카사 토레스 후작의 아이들과 친구가 된 발렌시아가가 별장에 초대되어 후작 부인을 만난 것이다.

부인은 아들의 친구가 된 시골 소년 발렌시아가를 위해 맛있는 저녁식사를 만들어 주었다. 그런데 발렌시아가는 음식보다 오히려 부인의 드레스에 관심이 더 많았다. 그리고 부인에게 드레스를 똑같이 한 벌 더 만들고 싶다며 드레스를 며칠만 빌려달라고 부탁했다. 부인은 엉뚱한 제안에 어리둥절했지만 발렌시아가가 워낙 진지하게 부탁하니 호기심에 드레스를 빌려주었다. 신이 나서 드레스를 집에 가져온 발렌시아가는 새 드레스를 공작이 입었던 것보다 더 아름답고 꼼꼼하게 만들었다. 드레스가 마음에 든 부인은 무척 기뻐했다. 그리고 발렌시아가에게 일자리를 추천하겠다고 제안했다. 이로써 발렌시아가는 부인의 도움으로 산 세바스티안에 있는 부티크에 취업하게 되었다.

이렇듯 기적처럼 패션계에 입문한 뒤 다양한 바느질 기술을 배운 발렌시아가는 1919년 산 세바스티안San Sebastián에 어머니 성을 따서 '에이사Eisa'라는 부티크를 열었다. 뛰어난 바느질 솜씨로 찾는

발렌시아가 드레스를 입고 아카데미 시상식에 참석한 배우 니콜 키드먼(2006년 미국) ▶

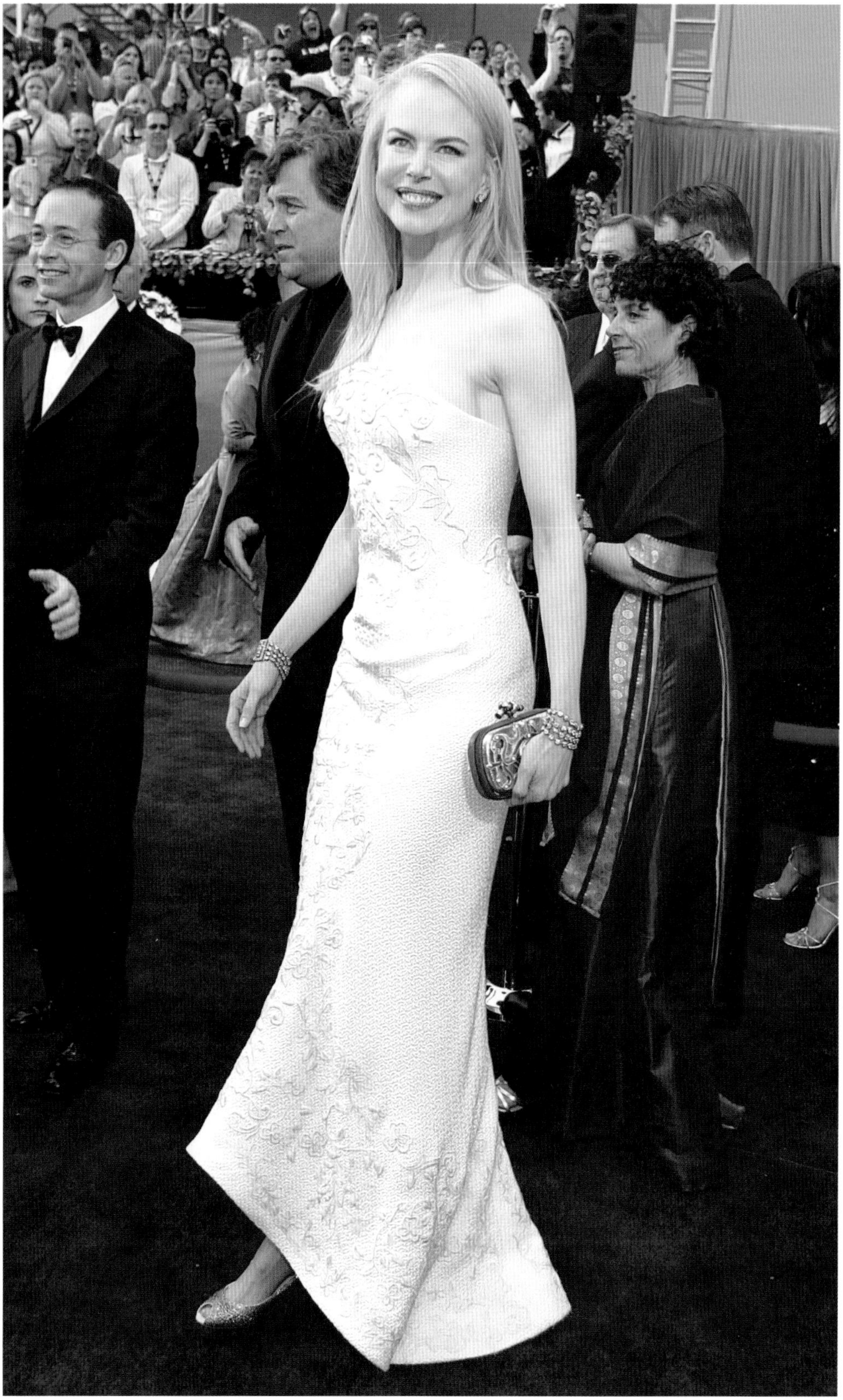

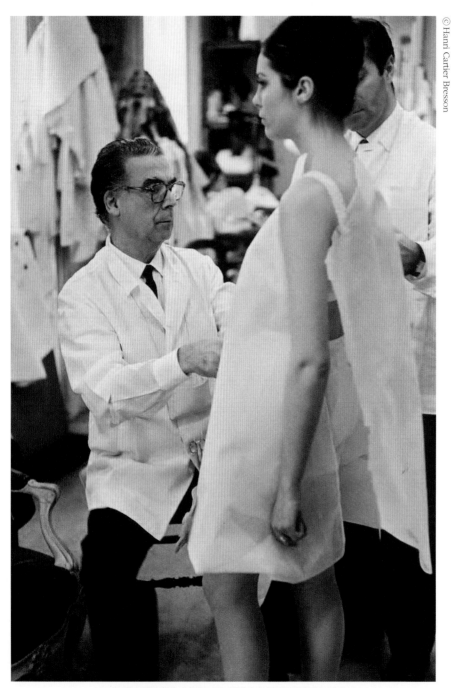

드레스를 모델에 맞춰 피팅하고 있는 발렌시아가 (1968년 프랑스 파리)

▲ 발렌시아가의 1937년 스케치

고객이 많아지면서 곧 마드리드와 바르셀로나에도 부티크를 열었다. 그 뒤 발렌시아가Balenciaga라는 자기 이름으로 첫 컬렉션을 열며 스페인에서 입지를 굳혔다. 하지만 1936년 2월 총선거에서 인민전선이 승리를 거두자 이에 반대하는 프란시스코 프랑코Francisco Franco 장군이 인솔하는 군부가 반란을 일으키면서 내전이 벌어졌다. 두 편 사이에 전투가 치열하게 벌어지고 외국 군대까지 개입하면서 내전이 걷잡을 수 없어지자 발렌시아가는 할 수 없이 부티크 문을 닫았다.

재단과 구성 테크닉이 신의 경지에 이르고 강박적으로 완성도에 집착하는 완벽주의자로 소문난 스페인 최고의 디자이너는 이때 무대를 프랑스 파리로 옮겼다. 그리고 1937년 8월 자기 이름을 딴 '발렌시아가'로 부티크를 열었다. 스페인 르네상스의 감각이 가득한 디자인과 고급스러운 소재, 재단, 봉제 그리고 그 속에서 나오는 우아한 기품에 파리 패션계는 열광했다. 발렌시아가는 17세기 스페인 화가 디에고 벨라스케스Diego Velázquez에게서 영감을 받은 작품으로 첫 번째 파리 컬렉션을 열었고, 하루아침에 유명해지면서 스포트라이트를 받았다. 정석을 따르는 그의 수준 높은 패션쇼는 다른 디자이너들에게 반드시 봐야 하는 패션 수업과 같이 되었다.

발렌시아가는 프랑스 오트쿠튀르Haute couture에 기여한 공로를 인정받아 프랑스 최고의 훈장인 레지옹도뇌르Legion d'Honneur를 받았다. 그러나 오트쿠튀르보다 프레타 포르테prêt-à-porter가 패션의 중심에 서게 되자 쿠튀리에로 자존심이 강했던 발렌시아가는 은퇴를 선언했다.

디오르는 그를 '우리 모두의 스승'이라고 찬양했고, 샤넬은 "진

정한 감각을 지닌 유일한 쿠튀리에이며 다른 이들은 그에 비하면 단지 드로잉하는 패션 디자이너에 불과하다"라고 극찬했다. 1972년 그가 세상을 떠났을 때《우먼즈 웨어 데일리Woman's Wear Daily》는 1면 헤드라인을 "디자인 왕은 죽었다"라고 뽑으며 그를 애도했다.

▲ 발렌시아가 드레스를 입고 영화제 시상식에 참석한 제니퍼 코넬리(2002년)와 케이트 블란쳇(2008년)

"발렌시아가만이 완벽한 의상을 만들어 낼 수 있다. 그는 우리 모두의 스승이다."

– 크리스티앙 디오르

샤넬의 리틀 블랙 드레스와
이브 생로랑의 턱시도

▲ 일러스트 작가 알렉산더 스탕이 그
린 이브 생로랑의 캐리캐처

1966년, 서른 살의 이브 생로랑Yves Saint Laurent은 남성의 전유물
이었던 턱시도를 변형해 최초의 바지 슈트를 만들어 혁명적인 이브
닝 웨어 '르 스모킹Le Smocking'을 발표했다. 르 스모킹은 턱시도의 프
랑스어 이름이다. 당시 여성 슈트는 재킷과 스커트가 정장이고 남
성은 재킷과 바지에 턱시도가 정장이었다. 그리고 벨벳이나 화려한
옷감으로 만들어진 턱시도는 벨벳이나 새틴으로 된 숄 칼라가 달려
있었다.

성에도 혁명이 일어나고 있는 시대 흐름에 맞게 이브 생로랑은
남성의 턱시도를 여성의 라인에 감각적으로 변형시켜 블랙 바지 슈
트와 화이트 블라우스로 만들어 여성만을 위한 바지 슈트를 처음으
로 패션쇼 무대에 올린 것이다. 르 스모킹으로 이브 생로랑은 패션
의 혁명가라는 별칭까지 얻었다. 생로랑의 비즈니스 파트너이자 연
인이었던 피에르 베르게Pierre Berge는 가브리엘 샤넬이 여성의 몸을

© Alexander Sherstobitov

▲ 이브 생로랑은 여성 바지 슈트를 처음으로 패션쇼에 올려 여자는 바지를 입어서는 안 된다는 사회적 편견을 깨부수는 혁명을 불러왔다.

해방시켰다면 이브 생로랑은 그 몸에 힘을 부여했다고 평가했다.

이 패션쇼는 엄청난 반향을 일으켰지만 실제로는 바지를 입고 다니는 여성들에 대한 반감이 매우 강했다. 당시 프랑스에는 여성들의 바지 착용을 금지하였던 판탈롱Pantalon법이 남아 있었기 때문에 공공장소에서 여성이 바지를 입는다는 것은 용납하기 어려운 일이었다. 이러한 시기에 생로랑이 일으킨 패션 혁명은 여성들에게 바지를 입을 수 있는 계기를 마련해줬다. 그뿐만 아니라 낡은 법을 비판 없이 답습해오던 사회에 여성해방이라는 강력한 메시지를 던진 것이다.

이브 생로랑은 그다음 해 핀스트라이프Pinstripe 무늬의 슬랙스와 재킷이 하나로 된 팬츠슈트pant suit, 베이스 코튼 드릴cotton drill 사파리 재킷safari jacket으로 고정된 남성성과 여성성을 다시 깨뜨려 여성 파워 시대를 상징하는 패션 디자이너가 되었다. 생로랑은 르 스모킹을 자신의 가장 중요한 작품이라고 여겼다. 그리고 2002년 은퇴할 때까지 시즌마다 새로운 스타일을 소개하며 이브 생로랑 디자인하우스의 트레이드 마크로 삼았다.

이브 생로랑은 1936년 8월 1일 당시 프랑스령이었던 북부 아프리카 알제리의 오랑에서 태어났다. 아버지가 해운중개업을 한 덕분에 부유하게 자란 생로랑은 유년 시절부터 천재적인 데생 실력을 보였다. 하지만 연약한 몸매에 운동을 잘 못하는 소심한 성격 때문에 동급생들에게 괴롭힘을 당하자 파리 진출을 꿈꾸었다. 1954년 파리 오트쿠튀르 부속 조합 쿠튀르학교를 뛰어난 성적으로 졸업하고 국제양모사무국에서 실시한 콘테스트에서 1등을 했다.

1955년 생로랑은 뛰어난 스케치 실력을 알아본 《보그》 편집장

미셸 브뤼노프Michel de Brunhoff의 소개를 받아 디오르의 조수로 일하게 되는데, 생로랑은 짧은 경력에도 디올하우스에서 수많은 드레스를 디자인하며 그의 스승에게 높이 인정받는다. 그리고 1957년 디오르가 갑자기 사망하자 뒤를 이어 디올하우스의 아트디렉터가 되었다. 생로랑은 1958년 자신의 첫 컬렉션에서 '트라페즈 라인trapeze

▲ 1965년 생로랑은 몬드리안의 회화를 자신의 패션 디자인에 접목하는 새로운 시도로 '몬드리안룩(Mondrian look)'을 탄생시켰다.

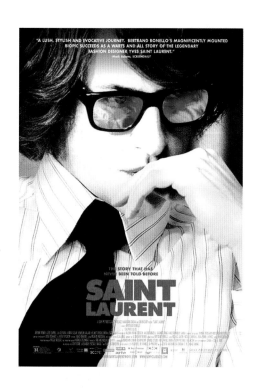

▲ 생로랑의 삶을 감각적으로 그려낸 영화 〈Saint Laurent〉의 포스터. 2014년 칸 영화제 특별상을 받았다.

line'을 발표했는데, A자 모양으로 어깨폭이 좁고 옷자락이 넓은 그의 색다른 작품은 주류 패션계로부터 엄청난 호평을 얻게 된다.

생로랑은 1962년 디올사에서 독립한 뒤 1974년 남성복 분야에 진출했으며 1981년에는 미국패션디자이너협회상을 받았다. 1983년에는 메트로폴리탄 아트뮤지엄 의상협회에서 25년 회고전을 열었다. 턱시도를 최초로 여성에게 입히고 전통적인 엘레강스 관념에서 나아가 모드mode의 대중화 시대에 어울리는 매력이라는 개념을 최초로 도입했다. 디자이너로 빠르게 성장하고 바쁘게 생활하느라 신경쇠약과 우울증에 시달리기도 했지만 천부적 디자인 능력과 재능은 수많은 사람에게서 찬사와 존경을 받았고 1985년에는 레지옹도뇌르 훈장을 받았다. 블랙 예찬론자로 "블랙에는 하나가 아니라 무수히 많은 색상이 존재한다"라고 설파한 생로랑은 2002년 1월 7일 은퇴를 선언하고 파리 퐁피두센터Centre Pompidou에서 마지막 오트쿠튀르 컬렉션을 열었다. 그리고 2008년 6월 1일 지병인 뇌종양으로 프랑스 파리의 자택에서 삶을 마감했다.

생로랑이 남성복에서 얻은 영감을 바탕으로 여성들을 위한 하이 패션을 만들어 내고 시대에 뒤떨어지는 성구분을 타파한 일은 가브리엘 샤넬과 뜻을 같이하는 것이었다. 샤넬과 생로랑 모두 깨기 힘든 두꺼운 사회관습의 벽을 아름답고 부드러운 디자인으로 무너뜨린 혁명가였다.

혁신은 다른 앵글로 볼 때 만들어진다

고정관념을 깨고 혁신을 통해 새롭게 진화하는 브랜드만이 세대와 시대를 초월하는 명품, 럭셔리로 다가설 수 있다. 혁신이 없어서 진화하지 못한다면 개인이나 브랜드나 오래가지 못한다. 누구나 혁신을 원한다. 회사마다 이노베이션, 혁신을 모토로 내세우지만 그게 말처럼 쉽지는 않다. 혁신은 모두 이미 한계를 알고 있고 방법이 없다고 생각할 때 불편하고 결핍된 시각으로 바라보는 것에서 시작한다.

제2차 세계대전 때 유럽은 모든 물자가 부족해져 산업 생산에 제동이 걸렸다. 옷감이 부족해지자 프랑스 패션계가 멈추었다. 가죽 역시 구할 수 없어서 이탈리아의 많은 가죽공에 공장이 문을 닫았다. 이때 이탈리아 로마의 구치Gucci 브랜드 설립자 구초 구치Guccio Gucci는 가방은 가죽으로만 만들어야 한다는 생각에서 벗어나 대나무를 가열하여 구부린 뒤 가방 손잡이를 만들었다. 1947년 탄

생한 구치의 뱀부Bamboo백은 출시되자마자 세계적 베스트셀러가 되었고 구치를 유명 브랜드로 만들어 주었다.

이때 탄생한 에르메스의 브랜드 아이덴티티 컬러 스토리도 매우 유명하다. 전쟁이 끝난 뒤 에르메스 제품을 포장해 주는 크림색 박스가 색소 부족으로 공급이 불가능해지자 에밀 모리스는 과감하게 아무도 사용하지 않는 금기색, 천한 색이라고 여긴 주홍색 오렌지 컬러를 선택했다. 귀족들의 대표 고가 브랜드가 오렌지색을 선택하는 것은 엄청난 모험이었다. 그러나 이 오렌지색은 에르메스에 의해 럭셔리를 상징하는 고급스러운 색으로 자리매김했다.

한편, 모든 것이 다 갖추어져 불편함이 없는 곳에서 다른 시각

▲ 대나무를 둥글게 구부려 가방 손잡이로 만든 구치의 뱀부백

▲▶ 에르메스의 상징 컬러가 된 오렌지색 포장 박스와 가죽이라는 통상적인 소재에서 벗어나 비닐론 소재로 가방을 만들어 대성공을 거둔 프라다백

으로 또 다른 불편함을 찾는 것은 더 혁신적인 일이다. 이탈리아의 유명 브랜드 프라다Prada를 설립한 마리오 프라다Mario Prada의 손녀 미우치아 프라다Miuccia Prada Bianchi는 풍족한 가문에서 보수적인 가정교육을 받으며 자랐다. 그리고 어머니 루이자 프라다의 권유로 프라다를 물려받아 가방 디자인을 하게 된다.

무겁고 관리하기도 어려운 가죽 가방에 불편함을 느낀 미우치아는 왜 꼭 가방은 가죽으로 만들어야 하는가에 의문을 품고 가방을 다른 시각으로 보았다. 그러다 할아버지 마리오가 가방을 포장하던 방수천인 포코노Pocono를 발견한다. 포코노는 당시 텐트나 낙하산, 포장지로 쓰이던 거친 원단으로 누구도 패션용품으로 사용하지 않았다. 미우치아는 1979년 포코노를 이용해 프라다의 시그니처가 된 나일론 백팩을 출시했다.

처음에 이 낯선 명품가방에 대한 사람들의 반응은 좋지 않았다. 가방은 고급스러운 가죽으로 만들어야 한다는 고정관념 때문에

◀ 프라다의 토트백은 출시 초기에는 소비자에게 바로 호응을 얻지 못했지만 심플하면서도 실용적인 수납이 커리어 우먼들에게 크게 인기를 끌면서 새로운 트렌드가 되었다.

아무도 선호하지 않았다. 그러나 당시의 트렌드보다 앞서 나간 나일론 소재의 깔끔한 프라다백은 토트tote백으로도 출시되면서 얼마 지나지 않아 가볍고 단순하며 실용적이면서도 우아함을 선호하는 커리어 우먼들에게 트렌디한 잇백(It Bag, 1990년대, 2000년대에 패션업계에서 구어체로 사용되기 시작한 말. 샤넬, 에르메스, 펜디 등 고가의 디자이너 핸드백 브랜드로 인기가 높고 베스트셀러인 가방)이 되었다. 오랫동안 고정된 관념과 트렌드를 깨고 탄생한 나일론 백이 오히려 새로운 트렌드가 된 것이다.

　이렇듯 혁신은 어떤 상황에서든 사람들이 방법이 없어 불가능하다고 고개를 저을 때 다른 앵글로 바라보는 사람이 만들어 낸다. 그들은 늘 전혀 가능하지 않을 것 같은 곳에 길을 내고 새로운 역사를 쓴다.

럭셔리 아카이브 옷장에서
스토리텔링하라

어렸을 때 숨바꼭질을 하면서 할머니 옷장 안에 들어가 문을 꼭 닫고 숨은 적이 있다. 적막이 흐르는 어두운 공간에서 문틈 사이로 들어오는 한 줄기 빛에 의지해 옷장 안을 둘러보았다. 그리고는 여기가 우리 할머니 이야기 창고구나 하며 감탄했다. 걸려 있는 옷들, 작은 상자들, 손가방들에 담긴 구구절절한 이야기가 할머니의 인생 자서전처럼 펼쳐져 있었다.

할머니가 가장 아끼는 원피스, 엄마가 지난 생신 때 사드린 코트 옆에 지난번 친척 결혼식에 입으신 샤랄라한 카디건과 꽃무늬 스카프가 걸려 있었다. 할머니가 스카프를 매실 때마다 얘기해 준 사연들이 귀에 들리는 듯했다. 술래가 옷장 문을 열기 전까지 아주 짧은 시간이었지만 할머니의 애정 어린 이야기가 색색의 비눗방울처럼 방울방울 살아났다.

누구나 자신이 사용하는 옷장이나 서랍을 열면 그 안에 사연이 있다. 오래전 우연히 방문했던 미술관 입장권과 가슴 설레며 푹 빠져들었던 뮤지컬의 브로슈어, 몇 년간 고민하던 문제들의 메모 조각을 서랍 안 곳곳에서 흔적으로 줍는다. 이것들은 때로는 서로 데자뷔가 되어 퍼즐 조각처럼 꼭 맞춰져 어쩌면 이것을 위해 내가 거기에 갔구나 싶은 탄성을 자아내게 한다.

누구에게나 자신만의 아카이브archive가 있다. 많고 적은 데이터베이스 양이 문제가 아니다. 그 사이사이에 켜켜이 채워진 숨결을 발견하고 나서 그것을 어떻게 풍부하게 만드느냐가 관건이다. 한편, 남 부러울 것 없을 정도로 넉넉한 아카이브를 쌓아만 두고 활용하지 못하는 딱한 사정도 많다. 굵고 짧은 헤드라이트 아래 놓인 의미와 사연이 더 즐겁고 신통방통한 경우도 많다. 가장 훌륭한 아카이브 활용법은 과거에서 영감을 받아 현대적으로 재해석해 또 하나의 새로운 폴더를 만드는 것이다.

위대한 상속자 쇼메

▲ 마리 에티엔 니토의 초상화. 니토는 1802년 프랑스 궁정 보석공으로 발탁된 이후 나폴레옹의 대관식 왕관을 비롯해 수많은 예술품을 만들어 냈다.

240년 역사를 간직한 하이퍼주얼리 브랜드 쇼메Chaumet는 브랜드 기원에서부터 설화에 가까운 심상치 않은 스토리가 하나도 아니고 여러 버전 있다. 1780년 작은 보석 가게를 연 마리 에티엔 니토Marie-Étienne Nitot는 어느 몹시 추운 겨울날 추위와 굶주림에 지쳐 가게 앞에 쓰러져 있는 낯선 청년을 발견하고는 측은한 마음에 가게 안으로 청년을 데리고 들어와 따뜻한 음식을 먹이고 기운을 차릴 수 있도록 해주었다. 다음 날 기운을 차린 청년은 니토에게 은혜를 잊지 않겠다는 약속을 하고 떠나갔는데 그 청년이 훗날 황제에 오르게 되는 나폴레옹 1세Napoléon I, Napoleon Bonaparte였다고 한다.

여기에 쇼메의 또 다른 스토리 버전이 있다. 어느 날 전쟁에서 이기고 돌아온 나폴레옹이 파리 시내를 행진하던 중 갑자기 타고 있던 말이 모여 있던 군중 앞으로 질주하기 시작했다. 무엇에 놀랐는지 흥분한 말이 날뛰는 바람에 아무도 쉽게 나서지 못하고 있는데, 그때 이를 지켜보던 젊은 니토가 용기 있게 나서서 말을 진정시

▲ 1807년 자크 루이 다비드가 나폴레옹 1세의 대관식에서 황제 나폴레옹이 황후 조세핀에게 관을 씌워주는 장면을 그린 그림(루브르 미술관 소장)

컸다. 이에 위험에서 벗어난 나폴레옹이 니토에게 감사의 표시로 훗날 커다란 보답을 하겠다고 약속했다는 것이다. 이 두 가지 버전의 스토리는 어느 것이 되었든 은혜를 입은 시대의 영웅 나폴레옹과 니토가 진한 인연으로 엮여 있음을 강조하고 있다.

나폴레옹과 특별한 인연을 맺은 쇼메 설립자 니토는 프랑스 역사상 가장 찬란한 나폴레옹 황제 시대에 황실 전속 보석 세공사로

▶ 니토가 제작한 나폴레옹의 두 번째 부인 마리 루이즈 황후의 관. 푸른색 에메랄드와 천 개가 넘는 다이아몬드로 만들어졌다.

임명되었다. 니토는 나폴레옹의 대관식 왕관과 의식용 칼은 물론 많은 궁정 장식품을 만들었다. 또 1796년 3월 9일에 결혼한 첫째 부인 조세핀Joséphine 황후의 결혼 예물은 물론 조세핀이 아이를 낳지 못하자 이혼하고 다시 결혼한 둘째 부인 마리 루이즈Marie-Louise 황후의 예물도 만들었다.

제정을 정착시키고 싶었던 나폴레옹은 오스트리아 왕가에서 나이 어린 신부 마리 루이즈를 데려오기 위해 공을 많이 들였다. 그래서 예물도 비싸고 화려한 것으로 준비했을 듯하지만 의외로 소박한 팔찌 세 개를 준비했다. 팔찌에는 각각 나폴레옹의 생일, 마리의 생일, 두 사람이 처음 만난 날과 결혼식 날짜를 새기도록 했다.

니토는 아들 프랑수아 르뇨François Regnot와 함께 나폴레옹이 원하는, 힘을 상징하는 예물을 정성껏 만들었다. 특히 나폴레옹이 황후 조세핀에게 관을 씌워주는 장면은 프랑스의 신고전주의 화가 자크 루이 다비드Jaques Louis David가 그린 〈나폴레옹 1세의 대관식〉이라는 그림으로 미술관에 남아 있다.

니토가 나폴레옹 황제의 전속 세공사로 중요한 작품을 많이 만들자 주변의 다른 왕족들도 쇼메에 왕관과 주얼리 등을 주문하면서 쇼메는 240여 년 동안 유럽 여러 나라 황실과 귀족들의 사랑과 찬사를 받았다. 재미있는 사실은 나폴레옹이 마리 루이즈 황후에게 주었던 팔찌가 지금은 황후 일가가 아니라 파리 메종에 있는 쇼메 박물관에 진열되어 있다는 것이다.

쇼메는 팔찌뿐 아니라 긴 역사 속에서 그림 6만 6,000점, 필름 6만 개, 그릇 3만 3,000개, 니켈이나 은으로 만든 다양한 주얼리 등 풍성한 아카이브를 소장하고 있다. 그리고 현대적 감성과 다양한 감각을 바탕으로 과거와 연결된 신상품을 만들어 내고 있다. 주얼리 세공 기술만 보아도 쇼메 주얼리는 과거 작품에서 영감을 받아 현대적으로 재해석한 디자인이 많다. 과거부터 이어오는 정통성과 새로운 시대에 맞는 유연성을 동시에 갖춘 쇼메는 조상들이 물려준 마르지 않는 샘 같은 보물창고를 소유한 똑똑한 상속자였다.

내가 가진 것, 내가 경험한 것 그리고 나에 대해 이야기를 만들어 보자. 누구에게나 사연과 이야기가 있다. 좋아하는 것, 감명 깊게 본 책과 영화와 사람들, 그래서 바뀐 생각을 연결하고 흥미롭게 이야기해야 한다. 누구에게나 이야기는 있지만 그것을 스토리텔링하는 데는 '연결'이 중요하다. 그 연결점에서 브랜드의 의미를 찾아 이야기의 재미와 가치를 만들어야 한다.

▲ 티아라를 연상시키는 보석 이미지를 조합한 쇼메의 브랜드 로고

디오르의 뮤즈
미차 브리카르와 미스 디올

럭셔리 브랜드들은 저마다 이야기꾼이라고 할 수 있다. 처음 만나는 고객이 단번에 브랜드와 사랑에 빠지게 만드는 신비로운 마력을 지녔기 때문이다. 고객은 작은 에피소드에 가슴이 설레고 집으로 돌아가는 내내 그 브랜드와 연결되어 의미를 부여한다. 내 브랜드 이야기를 사람들과 이렇게 아름답고 진솔하게 나눌 수 있다면 가장 강력한 브랜딩에 성공할 수 있다. 그들이 하는 이야기에 귀 기울여 보자.

먼저 크리스티앙 디오르의 아카이브 옷장에는 아름다운 드레스가 많다. 영감이 가득한 그 옷장 안의 드레스들은 똑똑한 후손들에 의해 시즌마다 현대적으로 해석되고 오마주되어 새롭게 태어나며 다시 옷장 안에 새 빛을 가득 채운다. 그리고 디오르가 아낀 뮤즈 미차 브리카르Mitzah Bricard도 아카이브에 있다. 늘 레오파드 패턴의 모자나 숄, 스카프를 두르거나 아방가르드 진주 목걸이를 한 미

▲ 미차 브리카르는 레오파드 패턴의
모자와 옷 그리고 진주 목걸이를 자신
의 아이콘처럼 하고 다녔다(1950년).

차는 당대 패션 아이콘으로 디오르의 디자인 방향에 무한한 영감을
주었다.

　"미차는 우아함을 위해 사는 몇 안 되는 사람이지요." 디오르는
모자 컬렉션을 담당하는 아트 디렉터인 그에 대해 이렇게 말했다.

◀ 미차 브리카르와 크리스티앙 디오르가 함께 넥타이를 고르는 모습(1947년). 미차는 디오르의 뮤즈였으며 영감을 주는 좋은 친구이자 조언자였다.

자료에 따르면 레오파드 프린트를 처음 선보인 디자이너가 바로 디오르라고 한다. 디오르는 미차에게서 영감을 받아 1947년 '뉴룩' 컬렉션에서 레오파드 패턴을 발표했다. 그리고 65년이 지나 자신의 아카이브에서 미차의 레오파드 패턴을 꺼내 아름다운 아이섀도로 펼쳐 놓았고, 그를 오마주하는 미차 향수와 스카프도 아카이브에서 현대적인 감각으로 새롭게 탄생되었다.

디오르에게 미차는 그가 원하는 우아함을 형상화하는 영감을 불러일으키는 몇 안 되는 사람이기도 했다. 패션뿐만 아니라 향수에 대한 또 하나의 중요한 이야기가 있다. 디오르는 향수가 없는 드레스는 상상할 수 없는 디자이너였다. 우아한 드레스에 맞는 향수가 있듯이 여성은 자신을 표현하는 향이 있어야 한다고 믿었다. 그래서 디오르는 "여성의 향수는 손글씨를 넘어 더 많은 것을 이야기

여성에게는 자신을 표현하는 패션과 우아한 향이 있어야 한다고 믿었던 디오르는 조향사 폴 바셰에게 의뢰해 미스디올을 만들어 냈다.

해 준다"라고 말했다. 그는 첫 번째 패션쇼를 준비하면서 당연히 드레스 못지않게 향수에도 심혈을 기울였다.

디오르는 프랑스 출신 조향사 폴 바셰Paul Vacher에게 "사랑의 향기를 만들어 주세요"라고 부탁했다. 바셰는 우아하면서도 현대적인 뉴룩의 이미지에 맞게 로맨틱하고 세련된 향을 만들었다. 산뜻하고 우아한 그린 시프레에 마른 우디향이 나는 갈바늄으로 시작해 섬세한 은방울꽃향이 더해졌다. 마무리로 패출리Patchouli향이 들어가 스피레 오리엔탈Spirée Oriental 계열이 따뜻함으로 완성되었다. 향수병도 디오르의 드레스처럼 8자 모양으로 곡선이 우아하게 떨어지는 그

▲ 8자 모양의 곡선이 우아하게 떨어지는 미스 디올의 향수병. 그리스의 도자기에서 영감을 받아 제작되었다.

리스의 도자기에서 영감을 받아 제작했다.

그런데 이 아름다운 향수의 이름을 정하기가 너무 어려운 과제였다. 패션쇼를 앞두고 향수 이름을 정하는 데 고심하던 디오르는 몽테뉴가의 살롱에서 미차와 앉아 있었다. 그때 디오르가 가장 사랑하는 여동생 캐서린이 2층 계단에서 내려오는 것을 본 미차가 "저기 미스 디올이 오네요"라고 웃으며 말했다. 그러자 디오르가 무릎을 치며 "미스 디올! 이게 바로 이 향수의 이름이야!"라고 했다.

사실 그들은 프랑스인이니 미스 디올이 아니라 마드모아젤 디올이라고 했어야 한다. 그런데 1940년대 프랑스는 모던한 영국식 발음을 동경했기에 미차의 '미스'라는 세련된 영어 애칭에서 영감을 얻은 것이다. 이렇게 디오르의 첫 번째 향수 이름이 미차에게서 나왔다. 미스 디올이라는 향수는 디오르가 가장 사랑하는 여동생의 향수로 탄생하게 된 것이다.

"향수는 모든 드레스의 마지막 터치입니다." 디오르는 향기가 나지 않는 드레스를 허용하지 않은 만큼 1947년 첫 컬렉션인 '뉴룩'을 공개하는 날 살롱에 온통 미스 디올 향수를 뿌렸다. 그리고 미스 디올은 디오르 컬렉션에서 패션을 완성하는 중요한 감각이 되었다. 패션쇼가 성공적으로 끝난 뒤에도 디올하우스에서는 드레스를 보러 온 고객들을 위해 일주일에 1.5리터짜리 큰 병의 향수를 뿌렸다고 한다.

역사책에도 나오지 않을 이 작은 에피소드가 왜 그렇게 고객의 마음을 사로잡을까? 브랜드의 스토리텔링은 나를 그 브랜드와 연결해 주는 놀라운 힘을 가지고 있다. 하나의 아이템에 지나지 않는 사물에 사소한 이야기가 작은 의미가 되어 나와 공유되면서 친밀해지고 내 이야기가 된 것이다. 디올의 하운즈투스 체크Houndstooth check 패턴을 들어본 적이 있는가? 하운즈투스는 그대로 번역하면 '사냥개 이빨'이다. 귀족들의 사냥개가 물고 온 통나무에 생긴 이빨 자국처럼 생긴 패턴을 말하는데, 1800년대 스코틀랜드 지방의 목동들이 많이 입고 다녀 '셰퍼드 체크shepherd's check'라고도 했다.

▲ 용기 표면에 하운즈투스 패턴을 새긴 미스 디올 향수병

디오르는 오트쿠튀르의 고급스러운 디자인에 스코틀랜드 목동들이 전통적으로 사용하던 하운즈투스 문양을 넣어 강렬한 대비를 시도했다. 여기까지는 패션 스토리다. 이것을 연결하기 위해 디오르는 자신이 가장 사랑하는 향수 미스 디올을 연결했다. 이 패턴은 지금 미스 디올의 사각형 향수병에서 발견할 수 있다.

우리는 이 비밀스러운 이야기를 향수병을 집으면서 1800년 스코틀랜드 목동들의 거친 망토 질감과 함께 디올하우스의 화려한 오트쿠튀르 쇼 앞 의자에 앉아 있게 된다. 지금까지 하운즈투스와 디올 향수병을 관심 없이 지나친 사람도 일단 이 이야기를 듣고 나면 이제는 그 이야기에 빠져 잊지 않게 될 것이다. 이렇듯 줄거리를 엮어 이야기하게 되면 마법처럼 이야기가 살아나와 브랜드를 묶어준다. 우리의 '관계'가 시작되는 것이다.

내 핸드백이
로마와 연결되어 있다?

로마에 다녀온 적이 있다면 로마의 울퉁불퉁 돌조각들로 된 보도블록을 잊을 수 없을 것이다. 로마의 길에는 까맣고 울퉁불퉁한 돌들이 깔려 있는데, 이 돌들이 자동차나 오토바이, 여행객들의 캐리어까지 엄청난 소음을 내며 걷고 달리게 만든다. 로마 시내에서 며칠 머물다 떠났는데도 한동안 그 돌들 위를 지나는 자동차들의 요란한 소음이 귀에 남아 있곤 한다.

로마의 도시 바닥을 산피에트리니sanpietrini, sampietrini라고 하는데 16세기에 바티칸 베드로성당(이탈리아어로 성 피에트로성당) 바닥에 처음 깔면서 이 이름이 유래했다고 한다. 로마는 화산의 도시라서 현무암이 풍부하다. 그래서 이를 바닥에도 깔았는데 말굽, 마차에 돌과 돌 사이가 자연스럽게 깨지고 닳으면서 500년이 넘도록 로마의 상징이 되고 있다.

로마의 정통성을 잇는 브랜드 펜디를 설립한 아델은 1932년 셀

▲ 현무암 재질의 돌들이 바닥에 깔려 있는 바티칸 광장

러리아 핸드백에 최상급 쿠오이오 로마노Cuoio Romano 가죽을 사용하고 로마 거리 산피에트리니의 질감을 본떠 오톨도톨한 느낌을 주었다. 천년의 로마를 브랜드 아이덴티티로 만들고 싶은 것은 이탈리아 럭셔리 브랜드들의 로망이다. 브랜드 로고 아래 표기로 Italy가 아닌 Roma를 넣은 펜디는 세계에서 가장 오래된 도시 로마의 정통성을 잇는 브랜드임을 늘 강조하며 모든 스토리를 로마로 연결한다.

　로마의 보도블록 이음매 모양에서 모티브를 따온 불가리의 '파렌티지Parentesi' 컬렉션도 있다. 불가리는 그리스·로마의 혈통을 강조하는 주얼리 브랜드답게 이탈리아 건축물과 예술품에서 영감을

받아 컬렉션을 창조한다. 불가리의 주얼리 컬렉션은 그리스와 로마의 고전주의, 16세기를 풍미한 이탈리아 르네상스 그리고 19세기 금세공을 대표하는 로만 스쿨에서 영감을 받아 현대적으로 재해석한 것이 특징이다. 퍼즐을 떠오르게 하는 '파렌티지' 라인의 모듈은 볼록한 면과 오목한 면이 맞닿아 완성된다. 서로 연결되며 만들어진 아름다운 이 패턴은 로마를 상징하는 힘 있는 스토리가 된다.

▲ 가죽에 산피에트리니의 오톨도톨한 질감을 본떠 만든 펜디백

내가 바로 천년 도시 로마의
적통 상속자

로마는 프랑스의 왕정과 다르게 귀족들이 이끄는 도시였는데, 이 귀족들은 모두 각자 가문의 문장으로 차별되는 아이덴티티를 만들려고 했다. 그러려면 자신들만의 가풍과 특징, 취향으로 다른 귀족 집안과 차별화된 다른 색, 향기가 있어야 했다. 이탈리아 로마의 장인들은 이런 귀족들의 깐깐한 취향을 맞추기 위해 스스로 아주 높은 기준으로 연마하고 그들의 감탄과 찬사가 터질 만한 제품을 만들어야 했다. 그리고 그 제품 위에 얹어서 매우 특별해지는 아름다운 이야기들을 늘 연결했다.

그것은 손안에 느껴지는 천년 로마를 떠올리는 도로의 까맣고 오톨도톨한 표면이기도 하고, 아름답게 갈라진 그 틈새이기도 하다. 자신들의 우수함과 아름다움을 천년의 로마에 연결함으로써 귀족의 도시 안에서 장인들의 적자라는 정통성을 주장하는 것이다. 나아가 로마의 귀한 역사유물들을 재건하거나 복원하기 위해 앞다

뒤 거액을 들여 지원함으로써 자신들의 원조가 로마임을 강조하고 있다.

　　로마에서 가장 아름다운 분수로 꼽히는 트레비Trevi 분수는 1762년 완공된 후 수백 년이 흐른 지금도 많은 사람의 사랑을 받고 있다. 그런데 이 트레비 분수가 심각하게 노후화하자 브랜드의 뿌리인 로마의 유산을 위해 펜디가 트레비 분수 긴급 복구 작업의 후원자로 나섰다. 펜디의 후원은 브랜드 영감의 근원인 로마라는 유산에 공헌함으로써 로마를 상징하는 브랜드라는 것을 알리는 큰 효

▲ 바로크 양식의 아름다운 걸작으로 손꼽히는 트레비 분수. 펜디는 노후한 트레비 분수 복원 작업을 하도록 2013년부터 재건 비용을 지원했다.

▶ 광장에서 위로 트리니타 데이 몬디 교회까지 이어지는 스페인 계단. 노후한 스페인 계단 복원 작업은 명품 브랜드 불가리가 약 150만 유로를 지원하여 2016년에 완료되었다.

© Chicoco Dodi FC

과를 얻을 수 있었다.

펜디의 행보에 또 다른 적통이라는 불가리가 가만히 있을 수 없었다. 트레비 분수에서 몇 걸음 떨어지지 않은 곳에 '스페인 계단'이 있다. 영화 〈로마의 휴일〉에서 주인공 앤 공주가 걸터앉아 아이스크림을 먹는 장면으로 유명해진 이 계단은 18세기 바로크 양식으로 지어졌으며 144개 계단으로 구성되어 있다. 그런데 세월이 흐르면서 바닥에 금이 가고 얼룩이 심해서 보수가 필요해지자 이 비용을 불가리에서 지원한 것이다.

또 다른 로마의 상징으로 서기 72년에 세워진 콜로세움은 검투사들이 5만 관중 앞에서 대결을 벌인 장소로 유명하다. 하지만 세월이 흐르면서 배기가스로 검게 변하고 지하철과 자동차로 지반이 약해져 대대적인 복구가 필요했다. 그러자 구두·가죽제품으로 잘 알려진 명품 브랜드 토즈TOD'S가 이탈리아를 대표하는 기업으로서 흔쾌히 지원하고 나섰다. 토즈는 "자국의 이미지를 높일 뿐 아니라

문화유산을 지키기 위해 후원하는 것은 우리의 의무이자 명예라고 생각한다"라고 말했다.

이탈리아 명품 브랜드들이 앞다퉈 문화유적 복원 공사에 비용을 대면서 자기 브랜드가 로마의 뿌리이자 직계 상속인이라고 내세우고 있다. 우리는 이러한 브랜드의 촘촘하게 계산된 전략은 느끼지도 못한 채 내 작은 핸드백이나 목걸이 장식에 스치는 촉감으로 지구 반대편에 있는 천년의 로마와 연결되는 마법에 빠진다.

▲ 명품 브랜드 토즈그룹의 디에고 델라 빌레 회장은 2011년부터 2012년까지 진행된 콜로세움 복원 공사 프로젝트에 약 2,500만 유로를 지원했다.

다섯 손가락의 왕관을 쓴
시계의 황태자 롤렉스

▲ 1908년 롤렉스를 창업한 한스 빌스도르프. 100년이 지나도 틀리지 않는 시계를 만들겠다는 그의 신념과 장인 정신이 오늘날 명품 시계의 대명사 롤렉스를 탄생시켰다.

1908년 스물일곱 살의 한스 빌스도르프Hans Wilsdorf가 창립한 스위스 손목시계 제조사 '롤렉스Rolex'는 황금 왕관을 쓰고 있다. 황제, 황태자 관을 쓴 롤렉스는 왕관 자체의 의미로 최고 위상이라는 뜻이기도 하지만, 왕관 다섯 개의 뿔은 장인들의 다섯 손가락을 의미한다. 롤렉스 시계를 만드는 뛰어난 장인들에 대한 자신감과 그들을 향한 존경을 표한 것이다.

한스는 독일 바이메른주 콜롬바흐에서 철물상을 하는 집안에서 태어났다. 어렸을 적에는 비교적 풍족하게 자랐지만 부모님이 갑자기 돌아가시면서 열두 살에 고아가 되었다. 학교를 졸업한 한스는 시계를 만들어 수출하는 무역회사에서 들어가 영업사원으로 일하게 된다. 그러다 1905년 "백 년이 지나도 틀리지 않는 정교한 시계를 만들겠다"라는 일념으로 다니던 회사를 그만두고 독립하여 '빌스도르프&데이비스'를 세운다. 훗날 이 회사는 '롤렉스 시계 회

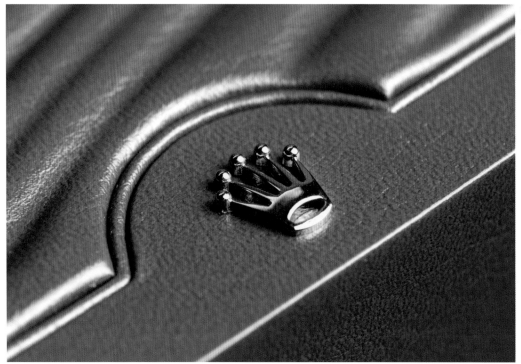

사'Rolex Watch Company'로 바뀌게 된다. 한스는 시계 다이얼 위에 새길 브랜드 이름으로 사람들이 기억하기 쉬운 단어를 찾고자 몇 날 며칠 고민했다. 알파벳을 가능한 모든 방법으로 조합해서 수백 가지 이름을 만들어 보았지만 마음에 들지 않았다.

　그러던 어느 날 아침, 한스가 런던 치프사이드를 따라 달리는 합승마차 2층에 앉아 무심히 밖을 보는데 마치 천사가 귀에 속삭이듯이 'Ro~Lex'라는 소리가 들렸다. 마법처럼 떠오른 '롤렉스'는 '시계'라는 뜻의 영어 단어 호롤로지Horologe의 '롤rol'과 정교함을 뜻하는 익스퀴지트Exquisite의 '익스ex'를 합친 단어로 '정교한 시계'라는 뜻이 있다. 한스는 선구적인 시계 브랜드에 꼭 맞고 울림이 좋으면

▲ 시계 포장 케이스에 새겨진 롤렉스의 황금 왕관. 다섯 개의 왕관 뿔은 롤렉스를 만드는 시계 장인들의 다섯 손가락을 상징한다.

▲ 잠수 다이버를 위한 롤렉스 방수 손목시계. 롤렉스는 1926년 세계 최초로 방수 손목시계 오이스터를 출시했다.

서 어떤 언어로도 발음하기 쉽고 기억하기 좋은 이름을 마침내 찾은 것이다.

1908년 7월 2일, 한스는 세계에서 가장 유명한 브랜드 롤렉스를 스위스 뇌샤텔주에 있는 도시 라쇼드퐁에서 상표로 등록했다. 1910년에는 손목시계 역사상 처음으로 스위스 시계평가센터에서 크로노미터(chronometer, 항해 중인 배가 천측에 따라 배의 위치를 산출할 때 사용하는 정밀한 시계) 인증을 받았다. 또 1914년에는 정밀함의 신전이라 불리는 런던의 큐Kew천문대에서 주는 A등급 크로노미터 인증을 받았다. 원래 큐천문대는 당시 가장 정확한 시계로 평가되는 시계에만 크로노미터 인증을 수여했는데 손목시계가 이 인증을 받으면서 한스는 시계

the time
the date - IN ONE WATCH
and the day

The Oyster Perpetual Day-Date
shows automatically not only
the date but the day of the
week written in full. The date
is magnified 2½ times for easy
reading, by a Cyclops lens. The
sealed case is carved with in-
finite care from a block of solid
gold by Genevan craftsmen.

The self-winding movement
has obtained the highest dis-
tinction—"Especially good re-
sults"—at a Swiss Institute for
Official Timekeeping tests. It is
possibly the most distinguished
wrist timepiece in the world,
worn by many of the famous
men of our time.

ROLEX

A landmark in the history of Time measurement

THE ROLEX WATCH COMPANY LIMITED (*H. Wilsdorf, Founder & Chairman*),
1 GREEN STREET, MAYFAIR, LONDON, W.1

▲ 롤렉스의 1960년대 오이스터 모델
손목시계 광고

역사에 크게 기여하게 되었다. 1919
년에 한스는 스위스 제네바에 본사
를 설립했고 마침내 1931년 기둥
이 다섯 개 달린 왕관 로고를 도입
했다.

1926년 출시한 세계 최초의 방
수 손목시계로 롤렉스를 대표하는
모델 오이스터Oyster는 시계 역사에
한 획을 그었다. 여기에는 도버해
협을 헤엄쳐 건넌 메르세데스 글리
츠Mercedes Gleitze가 한몫했다. 1927
년 런던의 여성 속기사 메르세데스
가 오이스터를 찬 채 10시간 넘게
도버해협을 횡단했는데 시계는 여
전히 잘 작동했다. 모래와 염분이
있는 바닷물에도 끄떡없이 정확하게 가는 시계로 증명된 것이다.
그날 영국 신문 《타임스Times》는 "오늘 저녁 그가 착용한 작은 금색
시계는 해협을 건너는 내내 완벽하게 작동했다"라고 보도했다.

1931년에는 롤렉스 최초의 오토매틱 손목시계인 오이스터 퍼
페츄얼Oyster Perpetual이 출시되었고 1945년에는 회사 설립 40주년을
맞아 데이저스트Datejust를 선보였다. 다이얼에 날짜 표시 기능을 추
가한 데이저스트는 품격의 대명사로 사랑을 받았다.

이름뿐만 아니라 로고도 브랜드의 상징이 되고 운명이 된다.
한스는 당시 장식 기능을 하며 소품으로 여겨졌던 손목시계를 정교

하고 튼튼하게 해서 방수·방진이 되는 수준으로 만들었다. 그리고 위에서 말한 오이스터, 오이스터 퍼페츄얼, 데이저스트 3대 발명품으로 '정교함'에서 최고 시계가 되었다. '롤렉스'라고 하면 덜컹거리는 마차에 앉아 손목시계 다이얼 위에 놓일 짧지만 인상적인 이름을 고민하던 한스의 어깨 위 천사의 속삭임이 들리는 것 같지 않은가.

▲ 롤렉스의 익스플로러 2 폴라 화이트

"이 시계는 마치 굴처럼 얼마든지 물속에 있을 수 있어요. 부품도 전혀 손상되지 않죠."

-한스 빌스도르프

까르띠에를 특별하게 만들어 주는
우정과 러브 스토리

▲ 프랑스의 보석공 루이 프랑수아 까르띠에의 초상화. 친구였던 비행기 조종사 산토스뒤몽의 부탁을 받고 비행 중에도 안전하게 볼 수 있는 손목시계 산토스를 1904년에 만들어 냈다.

브라질의 비행기 조종사 알베르토 산토스뒤몽Alberto Santos-Dumont 은 비행 중 조끼 주머니에 있는 회중시계를 꺼내다가 중심을 잃어 큰 사고를 당할 뻔했다. 놀란 마음을 진정하고 식은땀을 닦으며 겨우 착륙한 산토스뒤몽은 '비행 중에도 조종간을 놓지 않고 시간을 볼 수 있는 시계는 없을까?' 라는 생각을 했다. 그 후 산토스뒤몽은 프랑스의 최고 보석상이자 발명가, 시계공인 친구 루이 프랑수아 까르띠에Louis François Cartier를 찾아갔다. 산토스뒤몽의 하소연을 들은 루이 까르띠에는 지금까지 보지 못한 새로운 시계를 만들어 선물하겠다고 약속했다.

1904년 루이 까르띠에는 조끼에 줄로 매달아 꺼내 보던 시계를 손목에 차서 하늘에서 운항 중에도 안전하게 볼 수 있는 손목시계를 만들어 산토스뒤몽에게 선물했다. 이것이 까르띠에Cartier의 최초 남성용 손목시계 '산토스'다. 이는 실제로 부티크에 방문했을 때 까

◀ 브라질 출신의 비행기 조종사 알베르토 산토스뒤몽과 그의 이름을 따서 만든 산토스 손목시계. 산토스뒤몽은 라이트 형제와 더불어 비행선의 아버지로 불리는 인물이다.

르띠에 직원이 벽에 걸린 산토스뒤몽과 까르띠에의 흑백 액자사진들을 가리키며 해준 이야기다.

　이미 까르띠에를 '왕의 보석상, 보석상의 왕' 브랜드로 알고 있던 나는 그들의 빛바랜 비행기 사진을 보며 까르띠에가 뜨거운 우정과 인간애의 상징이라는 또 다른 인간적인 아이덴티티를 느꼈다. 직원은 아름다운 옛날이야기를 해준 것뿐인데 나는 뛰어난 장인정신과 아름다운 브랜드에 인간애까지 얹은 완벽한 브랜드구나 하고 결론을 내렸다. 그만큼 까르띠에는 찬란하고 완벽한 기술과 창조성 위에 자신만의 스타일을 입혔듯이, 사랑이라는 모티브로 스토리텔링하는 데 뛰어난 브랜드다. 그러한 까르띠에의 이야기와 스타일을 완성하는 데 큰 역할을 한 이가 바로 루이 까르띠에다.

　루이 까르띠에는 1924년 친구인 프랑스의 시인·소설가·극작가·영화감독 장 콕토Jean Cocteau에게 반지를 선물했다. '트리니티 링'으로 불리는 이 반지는 화이트, 골드, 핑크 세 가지 색으로 세 고

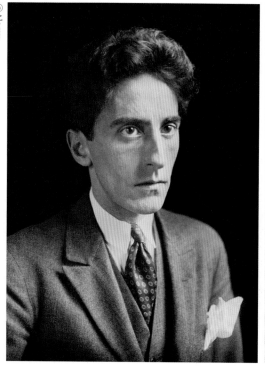

리가 뫼비우스의 띠처럼 엮인 모양이었다. 까르띠에는 각각의 색이 우정, 충성, 사랑을 상징한다는 스토리를 만들어 냈다. 지금까지 누구도 본 적이 없는 반지를 만들어 달라고 요청했던 콕토를 위해 까르띠에가 직접 디자인했다고 한다. 콕토는 이 반지를 매우 좋아했고 당시 최고 패션 아이템이 된 반지는 지금도 이 스토리와 함께 사랑받고 있다. 까르띠에 이야기를 들으면 트리니티 링처럼 내가 브랜드와 단단히 결합하는 것처럼 느껴진다.

　'잔 투생Jeanne Toussaint과의 사랑 이야기'는 까르띠에 사랑 이야기에서 빼놓을 수 없는 에피소드다. 가브리엘 샤넬은 루이 까르띠에의 손자인 루이 조세프 까르띠에Louis-Joseph Cartier에게 당시 패션의

▲ 프랑스의 시인이자 소설가·화가·극작가·영화감독 등 다방면에 걸친 예술가였던 장 콕토와 까르띠에의 트리니티 링(1999년 모델)

▲ 잔 투생과 얽힌 팬더 스토리는 아이콘이 되어 까르띠에 매장의 주요 디자인 콘셉트로 활용된다(2019년 모스크바 까르띠에 매장 쇼윈도).

아이콘이었던 잔 투생을 소개해 주었다. 둘은 곧 사랑에 빠졌고 연인이 되지만 까르띠에 집안의 반대로 결혼할 수 없었다. 루이 조세프는 잔 투생에게 보석에 대한 모든 지식과 노하우를 가르쳤고 유명한 디자이너들의 도제를 맺게 해주어 그가 최고 디자이너가 되도록 지원했다.

어느 날 아프리카를 여행하다가 표범을 본 루이 조세프는 잔 투생에게 표범의 프랑스어인 '팬더panthère'라는 애칭을 붙여 주었다. 팬더를 본 잔 투생은 오닉스와 사파이어 다이아몬드 등의 보석 디자인을 떠올리고 까르띠에의 시그니처 아이콘을 만들게 된다. 파리 근교 뱅센동물원에서 하루 종일 팬더를 관찰한 잔 투생은 웅크리고

있거나 금방 달려들 것 같은 생생한 포즈를 취한 팬더 주얼리를 만든다. 1933년 까르띠에 수석 디자이너가 된 잔 투생은 20년 동안 까르띠에의 아이콘을 만들며 루이 조세프 곁을 지켰다.

▲ 까르띠에 매장에 전시되어 있는 팬더를 모티브로 한 목걸이(2017년 이탈리아 밀라노)와 팔찌(2019년 러시아 모스크바)

　　잔 투생은 벨기에 샤를루아Charleroi에서 부유한 상인의 딸로 태어났으나 병든 아버지의 사업을 이어받은 사람의 학대를 받으며 자랐다. 그러다 열여섯 살에 파리로 와서 귀족 아들의 정부로 살았다. 사교계에서 만난 네 살 위의 샤넬이 잔 투생에게 자신과 비슷한 동질감을 느꼈고, 둘은 친구가 되었다. 잔 투생은 샤넬의 소개로 루이 조세프를 만났고, 루이 조세프는 팬더 모습에서 불우하고 힘들게 살아온 잔 투생의 고독하면서도 날카로운 면을 발견했다. 둘은 부

▲ 루이 프랑수아 까르띠에. 1847년 스승이 운영하던 공방을 이어받은 루이 프랑수아 까르띠에는 자신의 이름을 따 '까르띠에'를 탄생시켰다.

부가 되지는 않았으나 예술적 영감을 나누며 오랜 시간 함께했다. 이를 안타까워하는 이들에게 잔 투생은 이렇게 말했다. "괜찮아요. 저는 이 일을 더 사랑합니다. 저는 까르띠에 브랜드와 결혼한 까르띠에의 디자이너입니다."

루이 프랑수아 까르띠에는 1819년 프랑스 파리에서 태어났다. 아버지가 화약통을 만들어서인지 까르띠에는 어렸을 때부터 손재주가 좋았다. 1830년대 중반, 보석세공사 아돌프 피카르Adolphe Picard의 아틀리에에서 견습생활을 시작했으며 스물아홉 살 되던 1847년 세공 기술을 배우던 스승에게서 파리의 보석가게와 공방을 물려받으면서 자기 이름인 '메종 까르띠에'로 사업을 시작했다. 까르띠에는 앞선 기술을 여러 가지 선보였는데 그중에서 가장 혁신적인 것은 당시 금과 은이 주류였던 업계에 백금을 사용함으로써 독보적인 기술을 갖게 된 것이다.

1902년, 영국 국왕 에드워드 7세는 까르띠에를 '왕의 보석상, 보석상의 왕'이라고 칭송하며 자신의 대관식에 사용할 왕관 27개를 만들게 했다. 왕실에 주얼리를 공식 납품하는 보석상이 된 까르띠에는 스페인, 포르투갈, 그리스, 러시아, 벨기에, 루마니아 등에 납품하며 세계적 브랜드가 된다. 까르띠에는 1872년 아들인 알프레드 까르띠에Alfred Cartier에게 보석 세공을 가르쳤고, 1874년에는 경영권을 완전히 물려준 후 은퇴했다.

사업을 물려받아 왕성하게 활동하던 알프레드 까르띠에는 사업을 더 체계적으로 성장시키려고 세 아들 루이 까르띠에Louis Cartier, 피에르 까르띠에Pierre Cartier, 자크 까르띠에Jacques Cartier에게 보석 세공과 경영을 가르쳤다. 그리고 1899년 파리의 고급 패션 메카인 라 페

▲ 다이아몬드로 장식된 까르띠에의 약혼 반지(2019년 러시아 이르쿠츠크)

La Paix 거리 13번지로 매장을 이전했으며 이름 또한 '알프레드 까르 띠에와 아들들'로 바꾼 뒤 뉴욕 등 세계시장으로 사업을 넓혀갔다.

가장 로맨틱하고 아름다운 사랑의 결실을 꿈꾸게 하는 주얼리 브랜드에서 '러브 스토리'가 없다면 그것은 심장이 뛰지 않는 사치 품 상점밖에 되지 않는다. 까르띠에를 비롯한 럭셔리 주얼리 브랜 드들은 불멸의 상징인 차가운 보석에 아름다운 사랑 이야기를 입혀 사랑과 충성의 상징으로 만들고 있다.

샤넬 백의 비밀 포켓과
롤렉스 시계의 사이클롭스

샤넬 핸드백에는 레스토랑에서나 차를 탈 때 감사 표시로 아주 자연스럽고 우아하게 팁을 줄 수 있도록 미리 넣어 준비해 두는 센스 있는 포켓이 있다. 샤넬 시대에 경제력이 없는 여성들은 팁을 주어 감사를 표하고 싶을 때 남성의 손을 빌려 전달하곤 했는데 샤넬은 이런 작은 동작이 독립적이고 당당할 필요가 있다고 생각했다. 여성들이 직접 팁을 주게 함으로써 경제적인 작은 힘을 실어준다는 데 의미를 두었고, 상대방 앞에서 가방 안의 지갑을 열어 돈을 꺼내는 지루하고 세련되지 않은 시간을 없애도록 핸드백 뒷면에 포켓을 달았다.

팁을 넣어두는 포켓이 밖에 있는 반면 진짜 비밀공간은 핸드백 안에 있다. 연인에게 받은 연애편지를 숨겨둘 수 있는 진짜 비밀 칸이다. 샤넬은 핸드백 안에도 사랑의 비밀공간이 있어야 한다고 믿었다. 지금의 SNS의 엄지족들에게는 편지지에 손으로 꼭꼭 눌러 써

▲ 샤넬 핸드백의 앞면과 뒷면. 샤넬은 여성이 가방을 열지 않고도 돈을 넣고 꺼낼 수 있도록 가방 뒷면에 별도의 포켓을 만들었다.

서 비밀스럽게 건네주는 연애편지가 생소하겠다.(내 가방에서는 가끔 연애편지 대신에 잊고 있던 비상금 지폐가 나오기도 하는데 사실 그 어떤 것보다 반갑기만 하다.)

하지만 70년이 지나도록 샤넬의 백은 이러한 비밀 이야기를 간직하고 여전히 핸드백의 비밀 공간을 만들고 있다. 샤넬은 미래의 우리에게 작지만 또렷하고 당당한 목소리로 이야기한다. "오늘 밤

©PingPong56

▲ 작게 쓰인 날짜를 2.5배 크게 확대해
서 볼 수 있도록 볼록렌즈를 시계 유리
에 장착한 롤렉스 손목시계

연애편지 한 통은 받아야지! 품격 있고 매혹적인 여자라면 그리고
자신이 누구이고 무엇을 원하는지 아는 여자라면 이 연애편지 비밀
칸이 아주 유용할 거야."

　그리스 신화에 나오는 외눈박이 거인 키클롭스Cyclops가 1954년
출시된 롤렉스 데이저스트 시계에서 사랑을 가득 담은 새로운 모습
으로 등장했다. 롤렉스 설립자 한스 빌스도르프가 시계 다이얼에
있는 작은 숫자 날짜를 읽기 어려워했던 아내 플로렌스를 위해 그
리스 신화에서 2,000년 전 잠든 키클롭스를 소환한 것이다. 시계 글

라스 위에 외눈박이 괴물의 눈처럼 볼록렌즈를 올려 숫자가 2.5배 확대되어 잘 보이게 하면서 그 이름을 '사이클롭스'라고 했다.

　이 볼록렌즈는 롤렉스가 보유한 매우 특별한 기능 중 하나로, 누구나 한번에 알아볼 수 있는 롤렉스 시계만의 특징이다. 지금도 2.5배 확대 비율은 롤렉스가 진품인지 확인하는 징표가 된다. 모든 롤렉스 시계의 특징과 마찬가지로 사이클롭스 렌즈에는 아내에 대한 따뜻한 애정에서 시작한 발명과 연구 개발, 완벽함에 대한 끝없는 추구가 담겨 있다.

▲ 시계 유리 표면에 도드라진 롤렉스의 사이클롭스 렌즈. 1954년에 처음 개발된 이후 사이클롭스는 롤렉스 손목시계의 상징이 되었다.

그들이라는 3인칭에서
우리라는 1인칭으로

―――――――

한국의 럭셔리 세단 제네시스Genesis 자동차 매장에는 '큐레이터'라는 직원들이 있다. 이들은 판매를 담당하는 딜러가 아니라 순수하게 고객의 체험을 돕는 '스토리텔러'다. 럭셔리 브랜드로서 핵심 요소를 가장 잘 알고 있는 똑똑한 마케팅이다. 큐레이터들은 고객이 자신은 물론 가족에게 안전하고 편안한 자동차를 선택하고 미리 경험하게 하려고 자동차를 시승하게 하며, 궁금해하는 사항을 자세하고 쉽게 이야기해줌으로써 고객들이 럭셔리 세단 경험을 즐길 수 있게 한다.

이런 큐레이터들의 교육과 현장 코칭을 앞두고 제네시스 본사 마케팅팀이 주최하는 워크숍에 참석했을 때 일이다. 미국의 한 럭셔리 컨설팅회사에서 강사를 초빙해 강의를 진행했는데, 여기에는 본사 마케팅 팀원들과 호주와 캐나다 지사에서 온 외국인 직원들이

참석했다. 그들이 자기소개를 시작하면서 나는 현기증을 느꼈다. 지구 반대편의 캐나다와 미국 그리고 호주에서 온 지사 직원들이 우리나라 회사를 '본사'라고 칭하면서 정보를 하나라도 더 얻고 배우려 노력하는 모습을 보았기 때문이다.

　그들과 달리 나는 늘 존재감이 약한 한국지사에서 온 직원이었다. 중국과 일본 사이 남South인지 북North인지도 헷갈리는 작은 나라에서 비행기 타고 날아가 본사인 유럽의 세미나나 워크숍에 참석했다. 전날 밤에 늦게 도착한 호텔에서 가장 먼저 이겨내야 하는 것은

▲ 제네시스 플래그십 모델 G90. 국산 럭셔리 세단의 상징과도 같은 자동차로 VIP 의전차로 많이 사용된다(2021년 체코 프라하).

현대자동차의 프리미엄 세단 GV80(2021년 러시아 모스크바)

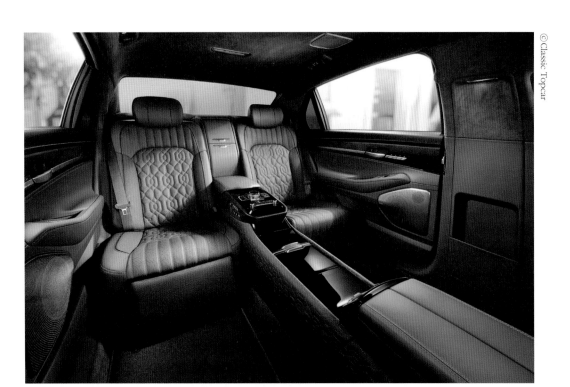

긴 시차였고, 아시아의 작은 나라에서 온 트레이너들은 바로 다음 날 본사 교육 때 졸지 않으려고 밤마다 멜라토닌melatonin을 나눠 먹곤 했다. 그런데 '우리'가 '주체'가 되는 회사가 있다니….

이런 벅참에 감동하고 감사한 이유는 단순히 우리가 '본사'가 될 수 있다는 사실에서 오는 것이 아니라 우리나라도 다른 나라 사람들이 감탄하고 인정하는 럭셔리의 '주체'가 될 수 있다는 사실 때문이었다. 럭셔리는 유럽의 오래된 가문에서만 나오는 것이 아니다.

우리나라에서도 다른 나라 사람들이 배우고 싶어 하고 감탄하는 럭셔리 브랜드가 탄생하고 있다. 아름다운 건물과 고급스럽고 값비싼 인테리어 그리고 최고급 디자인 제품을 구현할 수 있다고

▲ 제네시스 G90 리무진의 실내 공간. VIP 시트 레스트를 적용하여 뒷좌석에 앉은 사람이 다리를 길게 뻗을 수 있도록 넓게 설계했다.

▶ 제네시스의 엠블럼 심벌마크. 제네시스는 현대자동차의 최상위 모델이었던 에쿠스의 후속 모델인 만큼 최고의 럭셔리 브랜드를 지향하고 있다.

© Evannoostro

럭셔리가 되는 것은 아니다. 그것만으로는 아무도 명품, 럭셔리로 인정하지 않는다.

럭셔리는 견고하고 화려한 외장 안에 들어 있는 풍성한 스토리와 그것을 지키고 발전시킨 긴 시간 안의 숙성된 정신이다. 이제는 우리 또는 내가 1인칭이 되어 럭셔리를 말할 수 있을 만큼 스토리를 가지고 있다. 남을 따라 하거나 무턱대고 선망할 필요가 없다. 스토리의 콘텐츠와 함께 그 스토리를 풀어내는 강력한 힘을 발휘해야 한다.

이탈리아 해군을 살린 시계
파네라이

▲ 명품 시계 브랜드 파네라이를 창업한 지오바니 파네라이. 1860년 지오바니는 이탈리아 플로랑스 지역에 시계 제작소를 겸하는 매장을 처음 열었다.

이탈리아 명품 시계 파네라이Panerai 부티크에서는 마치 해군 잠수정에 들어선 것 같은 느낌이 든다. 벽에 전시된 시계들도 잠수정 창의 모양으로 바닷속을 내다보는 기분이 들 정도다. 사실 파네라이는 손목시계를 제작하기 시작한 20세기 초만 하더라도 일반인에게 전혀 알려지지 않았고, 구하고 싶어도 구할 수 없는 오직 이탈리아 해군만을 위한 시계였다. 해저의 엄청난 압력을 견디고 방수가 완벽해서 칠흑처럼 깜깜한 시야에서 군인들이 살아나갈 수 있는 안전한 시간을 보여주는 시계다.

이것은 바로 1916년 특허를 낸 파네라이의 라디오미르Radiomir에서 시작한다. 라디오미르 시계를 착용한 이탈리아 해군 특전대가 제2차 세계대전이 한창인 1941년 12월 이집트 알렉산드리아 항구에 정박해 있던 영국 해군의 전함과 구축함을 침몰시키는 전과를 올리면서 파네라이 시계는 시계 이상의 주목을 받게 되었다. 파네

라이는 지오바니 파네라이Giovanni Panerai가 1860년 이탈리아 피렌체 폰테 알레 그라치에Ponte alle Grazie에 공방이자 매장 겸 피렌체 최초 시계제조 학교를 연 상징적인 브랜드다.

이탈리아 피렌체는 중세 르네상스의 중심지로 이탈리아의 물리학자·천문학자·철학자인 갈릴레오 갈릴레이Galileo Galilei와 천재적 미술가·과학자·기술자·사상가인 레오나르도 다빈치Leonardo da Vinci가 활동한 도시로 과학과 예술을 이끌어 왔다. 파네라이는 피렌체의 조반니광장에 역사적인 첫 가게flag shop를 열었고, 이곳을 중심으로 이탈리아 시계의 공방과 매장들이 모여들었다.

몇 년 동안 이탈리아 해군에 고정밀 기기를 납품해 온 파네라

▲ 다이버에게 필요한 잠금 브릿지가 붙어 있는 파네라이 루미노르

이는 매우 엄격한 군의 요구 조건에 맞추기 위해 관찰 기구·장비 다이얼의 발광체가 되는 라듐 기반 물질인 라디오미르를 만들게 된다. 이것은 어뢰 발사기, 나침반, 수심계 등 각종 야간작전용 장비들의 계기판과 핸즈 등에 폭넓게 활용되면서 파네라이의 명성을 알렸고, 1936년 특수 작전을 위한 시계로 만들어졌다.

제2차 세계대전이 본격적으로 전개되자 파네라이는 이탈리아 해군의 한층 까다로워진 요구 조건에 맞추기 위해 과학적인 연구를 이어간다. 그리고 한 치 앞도 안 보이는 심연에서 어마어마한 압력

▲ 파네라이 시계는 다이버가 야간에도 시계를 볼 수 있도록 특수 발광 물질을 적용해 가독성이 뛰어나다.

144

과 산소 부족을 감수하고 뛰어드는 해군들을 위해 샌드위치 다이얼 패널을 개발했다. 여기에는 하나의 시계판에 시간 표시와 숫자를 새긴 뒤 자체 발광 도료를 채워 넣는 '샌드위치' 다이얼에 자체 발광물질을 많이 담을 수 있었다.

시계의 야광 기능 때문에 야간 임무를 수행하는 수중 특공대원이 적에게 발각되지 않도록 때로는 진흙이나 해초로 다이얼을 덮었다. 또 작전으로 경황이 없는 잠수대원들을 고려해 한번 완전히 와인딩하면 8일간 파워리저브(시계 충전 시기)를 보장하는 수동 무브먼트(Movement, 시계의 동력장치)를 사용했고 1949년에는 삼중수소 동위원소 tritium 기반의 새로운 자체 발광물질인 루미노르Luminor를 개발했다.

파네라이 시계들은 깊은 바다에서 테스트하고 전투를 거치며 발전하고 진화되었다. 그 과정은 1분 1초 시간을 다투고 살아남아야 하는 진지함과 처절함을 다룬 전투 다큐멘터리 같다. 바다에서 벌이는 치열한 전쟁에서 이탈리아 해군을 살린 것은 끊임없이 실험하고 도전하여 이루어낸 시계 장인의 혼신이었다. 지금도 어두운 밤 자다 깬 주인의 머리맡에서, 바닷속 심연에서 자라난 푸른빛이 충심으로 빛을 발하고 있다.

"모든 파네라이는 하나하나의 독특한 이야기를 담고 있다."

튼튼하고 가벼운
슈트케이스 리모와

목재와 소가죽으로 만드는 여행용 트렁크를 제작하는 공장에 큰불이 났다. 공장 안의 나무 트렁크와 재료들은 다 타버리고 말았고, 실의에 빠진 파울 모르스체크Paul Morszeck는 현장을 살피다가 오랜 시간 자신이 고민하던 것에 대해 해답을 얻게 된다.

파울은 1898년 독일 쾰른에서 자신의 이름을 딴 '코퍼파브릭 파울 모르스체크Kofferfabrik Paul Morszeck'라는 트렁크 회사를 설립했다. 그는 전통적 소재인 목재와 가죽으로 좀 더 가벼운 구조를 구현하기 위해 애썼고 마침내 목재로 가방을 만들었는데, 이는 미국의 샘소나이트Samsonite보다 21년이나 앞선 것이다. 그는 공장에 난 불로 나무와 가죽은 모두 다 타버렸지만 알루미늄 부속품은 멀쩡한 것을 발견했고, 이 일을 계기로 경금속 트렁크 제작에 몰두했다.

그즈음 아버지 사업에 뛰어든 아들 리하르트 모르스체크Richard Morszeck는 독일의 항공사 융커스Junkers에서 제작한 비행기에서 영감

▲ 가방 제작자였던 파울 모르스체크. 파울은 1898년 독일 쾰른에서 리모와의 전신인 트렁크 회사를 설립했다.

▲ 알루미늄 소재로 제작된 리모와 슈트케이스. 리모와는 1937년 알루미늄 슈트케이스를 처음 발명하고 1950년부터 본격적으로 생산하기 시작했다.

을 받아 1937년 최초의 알루미늄 슈트케이스suitcase를 발명했다. 이후 '리하르트 모르스체크 트레이드마크'라는 뜻의 독일어 '리하르트 모르스체크 바렌차이헨Richard Morszeck Warenzeichen'을 줄인 '리모와Rimowa'로 회사 이름을 바꾸었다.

견고해 보이는 외관만큼 실제로도 튼튼한 리모와의 알루미늄 트렁크는 여행 가방의 패러다임을 바꾸어 놓은 놀라운 결과물이다. 1976년에는 3대손인 디터 모르스체크Dieter Morszeck가 전문가용 영화·사진 장비를 담기 위해 방수 기능이 있는 경량 금속 케이스를 개발했다. 이것은 극한 지역으로 이동하며 작업해야 하는 영화·방송 제작진, 사진작가, 기자들에게는 혁신적인 트렁크였다. 이 트렁

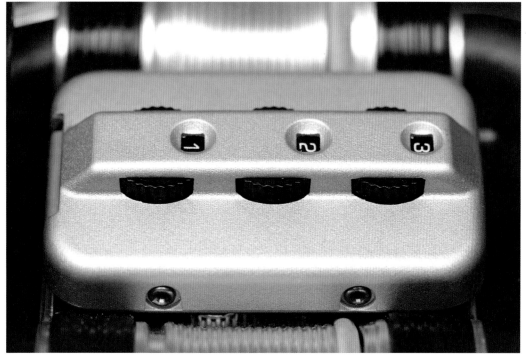

▲ 리모와 슈트케이스의 다이얼 방식
잠금 장치

크는 이들의 민감한 장비를 물이나 습기, 극도의 열과 추위로부터 효과적으로 지켜주었다.

혁신과 발명을 멈추지 않은 이들은 세계 최초로 폴리카보네이트Polycarbonate 소재를 사용한 트렁크를 만들었다. 폴리카보네이트는 비행기 유리나 경호 차량 등 방탄 목적으로 사용될 만큼 견고하고 영상 125도에서 영하 40도까지 견딜 수 있다. 이러한 끊임없는 연구와 개발의 결과는 단순히 여행용 트렁크라는 아이템을 넘어 여행 역사에도 큰 획을 긋는 사건으로 기록된다. 이는 120년 동안 3세대에 걸쳐 창업 초기부터 품질에 대한 고집으로 제품의 완성도에 집중하며 작은 부품 하나에도 가치를 부여하는 장인정신이 있었기에

◀ 리모와의 브랜드 로고

가능했다.

실제로 캐리어 하나를 완성하는 데는 200개 부품이 들어가고 90단계 이상의 공정을 거친다. '핸드메이드와 하이테크의 만남'이라는 브랜드의 모토에 따라 모든 것은 수작업으로 하며 가장 최첨단 소재와 과학이 만나 결합된다. 시베리아나 남극에서도 끄떡없고 불길에서도 살아남는 리모와의 트렁크는 주인과 함께 생긴 다양한 흠집과 크고 작은 공항에서 그루브 패턴groove pattern 위에 붙인 스티커들로 지나온 여정을 가늠할 수 있다.

120년 전, 가장 현대적인 여행 트렁크를 만들겠다는 각오로 오로지 트렁크 하나에만 몰두하면서 재만 남은 공장 화재에서 희망의 불씨를 찾아낸 파울 모르스체크와 그의 아들 그리고 손자의 긴 여정이 만들어 낸 열정의 흔적이기도 하다.

오로지 발과 구두만 생각하는
구두 천재 페라가모

▲ 살바토레 페라가모. 1898년 이탈리아 나폴리 출생인 페라가모는 열한 살부터 구두를 만들기 시작해 평생 2만 개가 넘는 구두 모델을 만들어 냈다.

쉬는 날 낚시를 하러 간 살바토레 페라가모Salvatore Ferragamo는 낚싯줄에서 영감을 얻어 투명 구두Invisible Shoes를 만들었다. 발등과 발목 부분이 모두 투명한 낚싯줄로 만들어진 이 샌들은 당시에는 너무 과감하고 파격적인 디자인이었다. 그의 독창적이고 창의적인 발상은 세계적으로도 인정받았고 1947년 슈즈 메이커로는 처음으로 패션계의 오스카상으로 불리는 니만 마커스 패션 어워드Neiman Marcus Fashion Award를 수상했다. 쉴 때도 먹을 때도 그의 머릿속은 온통 구두로 가득 차서 여가를 즐길 때도 일상이 모두 신발을 위한 좋은 재료가 되었다.

제2차 세계대전 중 원자재가 귀해서 가죽으로 구두를 만들기가 어려워지자 코르크 마개로 착용감 좋은 웨지힐 구두를 만들어 특허를 냈고 생선 비늘, 반짝이는 셀로판지, 유리, 플라스틱을 이용해 누구도 따라 할 수 없는 기발한 디자인의 신발을 출시했다. 2만 개

이상의 신발 모델을 창조했고 350개가 넘는 특허를 취득했는데, 이것은 현재 로마의 중앙문서보관소에 보관되어 있다.

살바토레 페라가모는 1898년 이탈리아 나폴리 근처 보니토에서 농부의 열한 번째 아들로 태어났다. 누이를 위해 밤새 구두를 만들었던 아홉 살 페라가모는 구두 만드는 일이 재미있다는 것을 알고 구두 만드는 사람이 되기로 마음먹었다. 열한 살이 되자 나폴리의 구두가게에서 구두 만드는 일을 본격적으로 배웠다. 2년 뒤에는 집 한쪽에 자신이 만든 신발을 진열해 놓고 팔았다.

열여섯 살이 되던 해에 형들을 따라 미국으로 건너간 그는 캘리포니아주 샌타바버라에서 수선점·맞춤 신발가게 Hollywood Boot Shop 를 열고 이탈리아의 장인정신과 독특한 디자인 감각으로 구두를 만들어 유명해지면서 할리우드 영화배우들을 위한 신발도 만든다. 매릴린 먼로 Marilyn Monroe, 오드리 헵번 Audrey Hepburn, 그레타 가르보 Greta Garbo, 소피아 로렌 Sophia Loren 등 당대 많은 인기 여배우가 페라가모의 구두를 즐겨 신으면서 브랜드 인지도가 한층 높아졌다. 인체공학적인 신발 구조와 눈을 즐겁게 하는 아름다운 디자인으로 이처럼 유명한 배우들의 사랑을 받게 되면서 그에게 '스타들을 위한 구두장이'라는 수식어가 붙었다.

신발을 신는 고객들의 발이 각기 얼굴이 다르듯이 모두 다르게 생기고 발의 형태에 따라 아픈 부분이 있다는 것을 알게 된 그는 낮에는 가게에서 신발을 만들고 밤에는 캘리포니아대학교 로스앤젤레스 UCLA에서 해부학 공부를 하게 된다. 그는 수업 시간에 교수에게 발에 관한 질문만 열심히 했다고 한다. 24시간 발과 신발만 생각하고 몰입한 페라가모는 사람이 똑바로 서 있을 때 몸의 무게가 발

◀ 비아 마넬리 공방에서 구두를 만들고 있는 살바토레 페라가모(1955년 이탈리아 피렌체)

바닥에서 아치형으로 파인 부분에 쏠린다는 사실을 알게 되었다.

이 깨달음으로 그는 신발의 중심에 철심을 박아 발 중심을 잡아줌으로써 구름 위를 걷는 듯한 편한 신발을 탄생시켰다. 신발 디자인에 해부학을 적용한 최초의 사람과 브랜드는 바로 페라가모인 것이다. 무게중심을 활용한 신발 제작 원리는 현재 모든 신발 제작에 적용되고 있다.

미국에서 활동하던 페라가모는 미국 경제가 침체하자 1927년 다시 이탈리아 피렌체로 돌아와 '살바토레 페라가모 컴퍼니Salvatore Ferragamo Company'를 세웠는데, 이것이 살바토레 페라가모 브랜드의 시작이었다. 1960년 살바레토가 죽은 뒤 그의 아내 완다Wanda가 경

▲ 이탈리아의 패션 거리인 콘도티 매장에 전시된 살바토레 페라가모 신발 (2020년 이탈리아 로마)

▶ 살바토레 페라가모의 향수 세뇨리나. 페라가모는 구두 제작으로 시작한 기업이지만 대를 이어가며 안경, 향수, 가방, 시계, 의류 등 다양한 제품을 생산하는 패션 그룹이 되었다.

영을 물려받았다. 그리고 안경, 향수, 벨트와 스카프, 백, 시계, 기성복 등으로 영역을 넓혔다. 페라가모는 3대째 100년 가까이 수작업으로 고객의 발에 딱 맞는 맞춤형 구두를 만들고 있다.

보통명사가 된
코트 버버리

1856년 포목상에서 견습생으로 일했던 스물한 살의 토마스 버버리Thomas Burberry는 영국 햄프셔주 베이싱스토크Basingstoke에서 작은 옷가게를 열었다. 비가 자주 오는 영국에서는 어떤 멋진 옷을 입어도 비를 맞으면 흠뻑 젖기 때문에 스타일이 살아나지 않았다. 아침에 비가 안 온다 해도 언제 쏟아질지 모르기 때문에 우산과 무거운 레인코트를 들고 다녀야 했다. 당시 레인코트는 고무 재질이라 무겁고 둔탁해서 입으면 활동하기도 불편했다.

토마스는 방수가 되면서도 무겁지 않은 원단으로 어떤 것이 있을지 매일 연구했다. 그러던 어느 비 오는 날, 양치기와 농부들이 눈이나 비가 올 때 일하려고 걸치는 스목 프록smock frock을 입은 사람을 보았다. 스목 프록은 리넨과 울이 섞인 직물이라 물세탁이 가능하며 가볍고 튼튼했지만 거친 작업복 디자인이라 평상시에 도시 사람들은 입지 않았다.

▲ 21세 때인 1856년 버버리를 창업한 토마스 버버리. 작은 포목상의 견습생으로 시작해 트렌치코트의 대명사가 된 브랜드 신화를 만들어 냈다.

©Neyd Stock

▲ 버버리 매장 쇼윈도에 전시된 여성
겨울 코트(2018년 프랑스 뮐루즈)

하지만 누구에게나 익숙한 거친 작업복이 토마스에게는 비 오는 밤 번뜩이는 섬광처럼 머릿속을 밝혔다. 토마스는 셀 수 없는 시행착오를 거쳐 가장 최상의 이집트 리넨 원사에 방수처리를 하여 직조한 다음 다시 방수처리를 해서 마침내 1888년 '개버딘gabardine'이라는 소재를 개발해 특허까지 냈다. 버버리의 개버딘은 가볍고 따뜻했으며 비에 젖지도 않아 영국의 여름 열기와 겨울 추위를 막아주었다. 곧 '개버딘'은 전 세계적으로 유명한 직물이 되어 주문이 밀려들었다.

이때 1895년 보어전쟁에서 변덕스러운 날씨에 무거운 방수복을 입고 전쟁하던 영국 군대에서 버버리에 대량 주문을 했다. 그리

▲ 제1차 세계대전 당시 버버리코트를 입은 영국 군인들. 1895년 버버리는 영국 정부의 군복 납품업체로 지정되어 대량 납품을 시작했다.

고 버버리는 오늘날의 버버리 트렌치코트의 원조인 '타이록켄(tielocken, 벨트가 달린 오버코트의 일종)' 군용복을 만들어 영국 정부의 지정 상인이 되었다. 이후 제1, 2차 세계대전을 거치면서 버버리코트는 대중의 사랑을 받았다.

1893년 노르웨이의 북극 탐험자이자 동물학자, 노벨평화상 수상자인 프리드쇼프 난센Fridtjof Nansen은 북극권을 항해할 때 처음으로 버버리 개버딘을 사용한 탐험가로 기록되었다. 영국의 남극 탐험가로 '위대한 항해'를 한 어니스트 섀클턴Ernest Henry Shackleton 경은 버버리 개버딘을 입고 세 번이나 탐험에 나섰다.

◀ 제1차 세계대전 때의 버버리 트렌치코트 신문광고(1917년 영국)

버버리 트렌치코트는 제1차 세계대전 중 발명되어 군인들의 필수품이 되었다. 장갑과 호루라기 같은 군용 장비를 거는 견장과 수류탄을 휴대하는 D링, 총격에 보호 기능을 하는 건 플랩gun flap 등 기능적으로 디자인했다. 이후 트렌치코트는 민간인 생활에서도 필수품이 되었다. 1955년 엘리자베스 2세 여왕은 버버리의 방수 기능 옷감에 왕실 인증 마크를 수여했다.

사람들은 '가을에는 버버리'라고 말한다. 이제 버버리는 옷장에 걸려 있는 패션 아이템이 되었으며 누구나 아는 스타일이 되었다. 영국이 낳은 의회 민주주의, 스카치위스키 그리고 버버리코트 세 가지 중 가장 혁신적이라고 할 수 있는 이 놀라운 발명품은 하나에 미쳐서 몰두하고 끊임없이 연구했던 열정적인 청년 토마스 버버리 덕분에 탄생했다.

◀ 버버리코트를 입은 영화배우 가브리엘라 와일드(2012년 영국 런던)

시계의 완성, 오메가

1848년 스위스 뇌샤텔주 라쇼드퐁 레오폴드 로베르 59번가 작은 시계 공방 '콩투와 데타블리사주Comptoir D'etablissage'의 햇살이 잘 드는 창가에서 스물세 살의 시계 제조자 루이 브란트Louis Brandt는 이른 아침 비쳐드는 햇살을 좇아 시계 다이얼 안을 열고 미세한 부품을 조립하고 조였다. 그리고 하루 종일 꼼짝도 하지 않은 채 밤을 맞았다. 스위스의 겨울은 해가 금세 지고, 그나마 밝은 햇빛에 신세를 지고 작업하는 것이 채 몇 시간 되지 않았다. 그래서 동이 트는 이른 아침부터 서둘러 창가의 책상에 앉아 시계 장인들에게서 구입한 부품들을 테스트하고 조립하며 매우 바쁜 겨울을 보냈다. 그리고 봄이 되면 자신이 직접 조립한 포켓 워치(Pocket Watch, 회중시계)를 고객들에게 보여주고 판매하기 위해 우편차에 시계를 싣고 이탈리아, 오스트리아, 독일, 벨기에, 프랑스, 네덜란드, 스칸디나비아 등 여러 나라를 오갔다.

루이 브란트가 만든 포켓 워치는 유럽 전역에 걸쳐 알려지면서

▲ 스위스를 대표하는 명품 시계 오메가를 창업한 루이 브란트. 1848년 포켓 워치를 제작하면서 명품 브랜드 오메가가 탄생했다.

▲ 오메가가 제작한 포켓 워치. 시계에 고리를 달아 주머니에 넣고 다니다가 꺼내 보는 시계로 손목시계가 나오기 전까지 인기를 끌었다.

많은 인기를 끌었다. 그중에서도 특히 영국인들이 그의 시계를 좋아했다고 한다. 시계에 대한 열정으로 고된 장거리 출장도 마다하지 않은 그는 두 아들 루이 폴 브란트Louis-Paul Brandt, 시저 브란트Cesar Brandt와 함께 1877년 7월 14일 '루이 브란트 앤 필스Louis Brandt & Fils'라는 공방을 열었다. 그로부터 2년 후 작업과 판매를 동시에 진행하면서 건강이 나빠진 루이 브란트는 라쇼드퐁에서 54세로 삶을 마감했다.

두 아들은 아버지의 시계사업을 물려받아 발전시키면서 1894년부터는 제품 이름으로 오메가Omega를 사용했다. 그 후 오메가를 공식 회사 이름으로 사용하면서 로고로도 사용하는데, 오메가(Ω)는 그리스 알파벳의 마지막 글자로 '끝', '최후'를 뜻하며 루이 브란트의 시계 공방이 시계 기술을 완성했다는 의미를 담고 있다.

1900년 브랜드 최초로 손목시계를 선보였고 1932년 공식적으로 로스앤젤레스 올림픽을 후원했다. 30개 오메가 크로노그래프(Chronograph, 시간을 기록하는 장치)로 올림픽 전 경기의 시간을 측정했는데, 이처럼 단일 브랜드가 모든 올림픽 경기의 기록을 잰 것은 이때가 처음이었다. 그리고 지금까지 계속해서 올림픽을 후원하며 스포츠 타임 키핑(timekeeping, 시간 기록) 분야와 관련한 수많은 발명품을 만들어 왔다. 1939년에는 뉴욕에서 열린 세계박람회World's Fair에 오메가가 스위스 시계 대표 브랜드로 참가했다.

▲ 1932년 제10회 로스앤젤레스 올림픽의 오메가 홍보 포스터

오메가는 1948년에 심해탐사 시마스터Seamaster 모델을 선보였고 1957년에는 나사 우주탐사 계획의 유일한 공식 크로노그래프로 스피드마스터Speedmaster가 선정되었다. 1969년에는 인류 최초의 달 착륙 프로젝트에 스피드마스터가 공식 시계로 선정되면서 오메가의 시계는 인류의 다양한 모험에서 동반자가 된다. 특히 1969년 7월 21일 닐 암스트롱Neil Armstrong과 버즈 올드린Buzz Aldrin이 오메가의 시계를 차고 인류 최초로 달에 발을 내디디면서 오메가의 스피드마스터는 '문워치MoonWatch'라는 애칭을 얻게 된다.

비싸고 멋진 시계를 사면서 브랜드 상표나 가격 또는 증명서에

오메가의 스피드마스터 프로페셔널 ▶

© Alamy

더 매료되었다면, 이제는 그 시계가 심장처럼 뛰고 있는 몇백 년 전의 열정을 가만히 눈을 감고 느껴보자. 수백 년의 오랜 역사를 간직한 시계 브랜드들을 만든 최초의 장인들은 밝은 전깃불이나 뛰어난 기구 없이 오로지 자연광에 의지해서 그 작은 부품들을 만들고 조립했다. 하루 종일 산등성이의 서쪽으로 떨어지는 햇살을 잡으며 자신의 심장소리로 생명을 얻은 시계에 몰입했다. 그러한 그들의 철저하고 은근한 끈기가 없었다면 럭셔리 시계의 최종 완성은 여전히 아득히 먼 이야기일 뿐이었을 것이다.

▲ 우주복 위에 오메가의 스피드마스터 시계를 차고 있는 닐 암스트롱과 버즈 올드린(1969년 아폴로 달 착륙 프로젝트 훈련 모습)

시간의 회전문 안에 있는 장인들

툭툭, 딱딱… 벽 너머로 들리는 연장 소리가 점점 가까워진다. 시간을 거스르는 회전문처럼 백 년이 넘는 시간을 거슬러 들어선 공방은 다른 시간의 세계처럼 나무와 가죽 냄새 그리고 가득한 햇살과 연장 소리가 섞여 이전에는 느껴보지 못한 모든 감각을 깨웠다. 워크숍Workshop 또는 아틀리에atelier라 불리는 공방은 섬세한 기술을 가진 장인들이 가방이나 옷, 신발, 시계 등을 직접 만들고 조립하는 공간을 말한다. 공방이 있는 브랜드는 그 근원에서 오랜 시간 숙련된 장인 기술이 있는 브랜드라는 자부심이 있다.

루이비통은 첫 번째 매장을 연 뒤 사업이 번창하자 가게를 확장하려고 했다. 그리고 1859년 파리로 가는 철도가 있고 센 강변을 끼고 있어 원자재를 입수하기 쉬우며 파리상점으로 완성품을 운송하기 수월한 아니에르에 가족과 함께 살 집과 공방을 지었다. 19세기 장미정원을 지나 창이 많은 아담한 시골집의 거실은 아르누보Art

Nouveau 스타일의 소파와 가구, 그림으로 가득했다.

2층에는 루이비통의 역사를 보여주는 박물관이 있는데 입구에는 두꺼운 방명록이 펼쳐져 있었다. 세계 각국에서 온 많은 방문자가 자국어로 그 감동을 적어놓았는데 간간이 한국어로 쓴 감탄사를 발견할 수 있었다. 160년 동안 5대에 걸친 오랜 시간, 최고 브랜드를 유지할 수 있었던 장인정신을 보고 감동하며 감사하는 글들이었다.

이곳에 방문객이 아닌 루이비통 직원으로 서 있으니 그 정신을 계승하는 후손이라는 느낌이 들어 가슴이 벅찼다. 이 2층집 뒤로 2층 공방이 있는데 여기서 지금도 브랜드를 대표하는 가죽 제품, 루이비통을 대표하는 트렁크와 여행가방인 하드사이드 러기지 등 다양한 컬렉션을 만든다. 그뿐만 아니라 특별 주문을 받은 제품도 여기서 일일이 수작업으로 만드는데 창업자의 5대손인 패트릭 루이비통이 직접 디자인한다는 사실이 인상적이었다. 그의 피에는 자랑스러운 고조할아버지의 크리에이티브한 장인 정신이 흐를 것이다.

햇빛이 잘 들어와 밝은 느낌을 주는 1층 공방은 커다란 나무 재료들이 많았고, 루이비통 캔버스 특유의 냄새와 레진향, 가죽 냄새가 우디향과 섞여 아주 독특한 분위기를 만들었다. 나이가 꽤 들어 보이는 장인들이 단단하고 가벼운 아프리카산 목재에 캔버스를 붙이고 못이나 경첩 대신 캔버스, 모서리나 가장자리 장식인 로진을 못질했다. 장인들이 산업혁명이 시작되기 전부터 작업대로 사용했을 낡고 둔탁한 나무 테이블 위에는 송곳, 바늘, 망치가 가득했다.

흰머리 장인들은 익숙한 듯 방문객들 시선은 아랑곳하지 않고 각자 자기 작업에만 집중했다. 그들의 손은 노련하면서도 신중해 보였다. 가방을 만드는 장인들의 개인 테이블 한쪽에는 작은 손재봉틀

이 있는데 돌림바퀴를 돌리며 한 땀 한 땀 신중하게 발을 짚어 박는 모습이 보였다. 한편에는 커다란 소가죽이 널려 있는데, 가죽을 담당하는 매니저가 모든 작업에서 재단이 얼마나 중요한지 강조하며 설명해 주었다. 주름이나 흠집이 하나도 없는 부분을 잘 살펴 골라내야 하는데 그 크기가 작아서 한가운데 조금밖에 안 된다고 했다. 그리고 나머지 많은 부분은 안감으로 사용하게 된다고 설명했다.

가장 좋은 가죽을 고르기 위해 노력을 많이 하는데, 손으로 만져만 보아도 젖소인지 식용 소인지, 소의 스트레스 정도는 어떠했는지 구분할 수 있다고 설명하는 그의 두툼한 손마디가 눈에 들어왔다. 트렁크나 가방을 만드는 장인들 못지않게 최상의 원재료를 만들어 주는 재단사의 역할은 어느 브랜드에서나 가장 기본이 되는 중요한 작업이다. 가죽 재단, 염색, 작은 박음질 하나도 타협할 수 없는 꼼꼼하고 완벽한 장인들의 기술과 정신이 녹아 있었다. 장인 루이비통이 함께 일했던 작업대와 연장은, 최고가 되어야 한다는 그의 정신을 잇는 실험대가 되어 저 시간의 회전문을 통해 들어서는 미래의 후손에게 이야기해 줄 것이다. 또 다른 100년이 지나도 루이비통의 초심은 이 작업대 위에서 울리는 장인들의 망치 소리로 더욱 단단해질 거라고 말이다.

CEO보다
더 중요한 장인들

─────────

"우리 회사에서 최고 조향사는 향을 창작하는 지휘자이자 개척자로 최고경영자CEO보다 높습니다."

겔랑Guerlain의 티에리 바세Thierry Wasser가 최고 조향사가 되었을 때 프랑스 일간지 《르 피가로Le Figaro》는 기업의 CEO가 바뀐 것을 보도할 때처럼 대서특필했다. 겔랑 가문의 전통을 잇는 최고 조향사는 회장보다 더 중요한 사람으로 브랜드 정신의 상징이기 때문이다. 1829년 파리에 첫 향수 공방을 연 후 지난 2세기 동안 겔랑은 1,100가지 향수를 창조했으며 스킨케어, 메이크업 제품으로 전통과 노하우를 인정받아 프랑스 정부로부터 '살아 있는 유산 기업Living Heritage Company'이라는 칭호를 받았다.

그 유구한 헤리티지 안에는 탐험과 혁신을 통해 아름다움을 계승해 온 겔랑의 아들들인 천재 조향사가 있다. 4대 상속자 장 폴 겔랑Jean Paul Guerlain의 뒤를 이은 티에리 바세는 스위스 출신 조향사로

▲ 겔랑의 테라코타 향수. 2014년에 처음 출시된 제품으로 조향사 티에리 바세가 제조했다.

가장 특별한 원료를 찾아 전 세계를 탐험하며 겔랑하우스의 향수 제작을 담당하고 있다. 그는 천연 원료를 찾기 위해 1년에 4개월 이상은 영화 〈인디아나 존스〉의 주인공처럼 탐험용 부츠를 신고 전세계를 여행한다. '겔리나드Guerlinade'라 불리는 이 원료들은 겔랑 크리에이션의 정신과 대담한 감성, 예술적 풍부함, 간결한 방식을 완벽하게 표현한다. 이러한 겔리나드를 찾는 여정이 겔랑의 장인정신에서 큰 부분이 된다.

우리나라에는 부자도 3대를 지키기 어렵다는 말이 있다. 아무리 대단한 부자라도 2대, 3대로 대를 물리다 보면 많은 재산을 지키

SHALIMAR
PARFUM INITIAL

©Ra Doll

▲ 향수 브랜드 겔랑을 설립한 피에르 프랑수아 파스칼 겔랑. 1828년 파리 리볼리 거리에 처음으로 상점을 오픈하며 겔랑의 시대를 열었다.

는 것이 그만큼 어렵다는 뜻이다. 재산을 지키기도 그리 어려운데, 명성과 철학과 장인의 기술까지 잇는 일은 거의 기적에 가까울 것이다. 그러나 유럽의 럭셔리 브랜드들은 아들과 손자까지 내려오면서 설립자인 할아버지가 지펴놓은 불꽃 같은 철학과 기술을 활활 타오르게 했다.

피에르 프랑수아 파스칼 겔랑Pierre-François-Pascal Guerlain의 손자인 3대 자크 겔랑Jacques Guerlain은 1925년에 산스크리트어로 '사랑의 정원'인 샬리마Shalimar 향수를 창작했다. 인도 통치자 샤 자한Shah Jahan과 그의 아내 뭄타즈 마할Mumtaz Mahal의 비극적 사랑 이야기에서 영감을 받아 탄생한 신비로운 동양의 향수는 크게 성공했고 오늘날에도 여전히 베스트셀러로 자리 잡고 있다.

또한 오랜 친구였던 앙투안 드 생텍쥐페리Antoine De Saint Exupery의 《야간비행》에서 영감을 받은 볼 드 뉘Vol de Nuit는 광활한 사막의 깊은 밤을 떠올리게 하는 세련된 향수다. 그는 병 디자인, 브랜드 이름과 패키지가 모두 향수의 콘셉트라고 생각했고, 이러한 새로운 포장 방식은 향수산업 역사에 큰 전환점이 된다.

자크는 아름다운 병을 만들기 위해 바카라 크리스탈과 협력했으며, 현재 이블린Yvelines에 있는 향수 생산지 오르팡에서는 테이블의 여인들이라는 뜻의 전문가인 '담 드 타블르Dames de table'들이 바르비사주와 보드뤼사주 또는 밀랍 봉인 등 전통 공예 기술로 겔랑의 향수병을 만들고 있다. 이들의 영혼이 담긴 예술작품이라고 할 수 있는 겔랑의 아름다운 향수병은 다양한 노하우로 완성되는데, 이러한 수공예는 겔랑의 장인정신을 볼 수 있는 자산이 된다.

장 폴 겔랑은 어려서부터 할아버지 자크 겔랑에게 엄격한 장인

교육을 받았다. 그리고 겔랑을 물려받을 당시 이미 3,000가지 향의 미묘한 차이를 구분할 수 있었다고 한다. 1955년 할아버지와 함께 만든 오드Ode 향수가 그의 첫 번째 창작물이다. 장 폴 겔랑은 '사랑하는 여인을 마음에 담아 향수를 만들라'는 할아버지 가르침에 따라 1962년 자신의 아내를 위해 샹다롬Chant d' Aromes을, 1979년 세기의 여배우 카트린느 드뇌브Catherine Deneuve를 위해 나에마Nahema를, 1989년 승마선수 데시아 포브를 위해 삼사라Samsara를 만들었다.

장 폴 겔랑은 할아버지에게서 물려받은 후각의 천재성뿐 아니라 은퇴할 때까지 47년 동안 하루 8시간 이상 향을 맡는 일에 전념했고 겔랑의 조향사들과 세계 각지에서 원료를 찾기 위해 여행하는

▲ 1919년 출시된 겔랑의 미츠코. 자크 겔랑이 조향한 제품으로 예술적인 향수병과 아름다운 패키지로 유명하다.

© Ailisa

열정으로 살았다. 1970년 그는 베르사유궁전 가까이에 조향사를 양성하는 학교를 설립했다. 지금은 화장품과 식용 향료로 과정이 확장된 ISIPCA는 세계에서 유일한 향수 정식 교육기관이다. 모든 수업은 프랑스어로 진행되며 화학, 생물학 등 전문적 지식이 있어야 입학할 수 있다. 스파르타식 교육을 받으며 최고 조향사가 되는 훈련을 거듭해야 하는 학교로 알려져 있다.

1828년 영국에서 약리학과 화학을 공부하고 온 피에르 프랑수아 파스칼 겔랑은 파리 리볼리 거리의 모리스호텔 1층에 '하우스 오브 겔랑'을 연 뒤 곧이어 파리 외곽에 비누공장을 지었다. 당시 향수는 식물에서 추출한 향을 희석해서 쓰는 정도였고 단순한 몇

▲ 황실을 위해 벌 모양을 새긴 향수병은 오늘날 겔랑의 시그니처가 되었다.

종류를 조합하는 비법 정도만 전해지고 있었다. 향을 뿌리는 귀족들도 장갑이나 부채, 손수건에 살짝 뿌리는 것이 예절이었고 몸에 직접 뿌리는 것은 고급 매춘부나 하는 몰상식한 행동이었다.

기존 향이 꽃향을 모방하는 수준이었지만 겔랑은 느낌이나 분위기에 영감을 받아 향을 새롭게 변형해 고객에게 맞는 세련된 향을 즉석에서 만들어 주었는데 수많은 귀족과 왕족이 향을 만들어 달라고 난리였다. 1853년 나폴레옹 3세와 외제니 황후의 결혼식을 위해 바친 향수 오데 코롱Eau de Cologne 임페리얼의 우아하고 세련된 향과 황실의 상징인 벌 모양을 담은 비Bee 향수병에 감동한 황후는 겔랑을 황실 공식 조향사로 임명했다. 평소 두통이 있던 황후는 네롤리Neroli향의 오데 코롱 임페리얼을 사용한 후 두통이 사라지자 겔랑을 더욱 사랑하게 된다. 겔랑은 황실과 프랑스의 향수로 승승장구했고 스킨케어와 립스틱 등 메이크업으로도 널리 알려졌다. 겔랑은 공장 입구 위에 회사 모토를 새겼다.

"훌륭한 제품을 만들라. 품질에 인색하지 말라. 이 단순한 생각을 고수하고 타협하지 말라."

가장 기본이 되는 진정한 장인정신은 자손들에게 초심과 성실함, 열정을 잘 이어주는 것이라는 생각이 든다. 할아버지의 초심이 가득 전해지는 이 문구는 200년 동안 향을 기억하는 심장과 흔들리지 않는 브랜드의 올곧은 고집으로 미래의 CEO보다 더 중요한 장인들에게 깊은 울림을 전해 준다.

세 장인의 경력을 합하면
100년이 넘어요!

———

펜디Fendi 본사 건물인 팔라초 델라 치빌타 이탈리아나Palazzo della Civiltà Italiana 센터에 있는 모피 공방의 재봉틀 앞…. 뭔가 의논하며 모피 조각을 만지고 있는 세 여성 장인이 경력 100년 이야기를 듣더니 고개를 들고 활짝 웃었다. 그중 머리가 희끗희끗한 한 분이 펜디의 모피 공방에서 일한 지 올해 막 25년이 된 자기는 여기서 주니어에 속한다며 손사래를 쳤다.

이탈리아 명품 브랜드 펜디는 1925년 에두아르도 펜디와 아델 펜디가 로마의 모피 공방에서 브랜드를 시작했다. 모피는 부유한 귀족과 왕족들의 전유물로 무겁고 둔탁한 패션이었으나 1965년 카를 라거펠트의 디자인으로 가볍고 유쾌한 패션으로 바뀐다. 긴 코트 중간에 지퍼를 달아 여행지에서 경쾌하게 짧은 반코트로 변형해 입을 수 있는 트랜스포머 퍼로 변신하거나 한여름 밤 서늘한 이브닝 파티에 걸치는 일명 '서머 퍼Summer Fur'로 진화했다. 모피는 다른

펜디 본사 건물 팔라초 델라 치발타의 야경 ▶

© Valerio Mei

▲ 2018년 이탈리아 밀라노 패션 위크
에 선보인 펜디의 다양한 모피 패션

옷감에 비해 털이 있어 3차원으로 디자인해야 한다. 라거펠트가 쓱 그려준 디자인북이 모피 장인들 손에서 입체적으로 털의 방향과 길이까지 완벽하게 표현되었다.

1960년대에 모피 옥션에는 모피의 질을 구분할 줄 아는 펜디의 장인들이 직접 경매에 참가해 가장 좋은 모피를 구매했다. 경쟁 브랜드들은 무조건 펜디 장인들이 고르는 원재료를 구입하면 실패하지 않는다고 해서 그들과 경매를 치열하게 이어갔다고 한다. 그래서 이 장인들은 옥션에 참가할 때 아무도 알아보지 못하도록 변장을 했다고 한다. 경쟁사들은 쉽게 교육할 수 없는 인재의 중요성을

©Clash Gene

뼈저리게 느꼈을 것 같다.

　모피 패션은 디자인뿐만 아니라 원재료의 우수함과 특별함을 이해해야 하고, 일반 패브릭과 다르게 입체적으로 재단해야 하므로 모피 장인들을 교육하고 기술을 업그레이드하는 데 시간과 노력이 많이 들었다. 예전에도 지금도 장인들이 바로 브랜드의 가장 중요한 자산이다. 최근에는 이런 장인들의 스카우트 전쟁이 아주 치열하다. 장인 한 명을 모시면 브랜드 역사와 그의 재능은 물론 미래 비전을 다 가져갈 수 있다. 장인의 기술은 철두철미함과 인내, 노력하는 태도가 녹아 있는 브랜드의 결정체이기 때문이다.

경기도 의왕시에서 들리는
장인의 망치 소리

———

직원들이 책상에서 일어나 20미터만 걸으면 발코니로 나가서 푸른 하늘을 눈에 담을 수 있고 공기와 바람, 눈송이와 빗방울을 맞을 수 있는 아름다운 회사 건물로 유명한 시몬느Simone 본사에 들어섰다. 함께 방문한 지인들은 아름다운 정원의 조각들과 햇살이 깊숙이 들어서는 갤러리 같은 건물에 찬사를 보냈지만 나는 바람에 실려 작게 들리던 그 익숙하고도 섬세한 망치 소리와의 강렬한 만남을 잊지 못한다. 장인의 손끝이 만들어 내는 이 망치 소리는 유럽의 오래된 공방에서나 들을 수 있었다. 25년 전 처음으로 유럽의 장인정신을 만난 뒤 이런 공방을 우리나라에서 볼 수 있다는 것은 생각도 하지 못했다.

보물을 찾으러 세계일주를 하다가 결국 우리 집 마당에서 그 보물을 발견한 것 같은 경이로움까지 느꼈다. 우리나라에서도 망치를 잡고 가죽을 한 땀 한 땀 박으며 머리가 하얗게 세어 버린 마법

▲ 경기도 의왕시 고천동에 있는 시몬느 본사의 겨울 풍경. 자연 요소를 잘 살린 아름다운 정원이 있는 공간이다.

의 손 장인들을 만날 수 있다는 것은 가슴이 벅차오르는 일이었다. 그들은 30년 동안 시몬느와 함께 핸드백을 만들며 일생을 보냈다.

사실 세계적인 명품 핸드백 전문 제조업체인 시몬느가 이탈리아가 아닌 우리나라 경기도 의왕시에 있다는 사실을 아는 한국인은 그리 많지 않다. 아시아 최초로 럭셔리 핸드백 제조시장에 진출하여 33년간 브랜드의 디자인 생산뿐만 아니라 그들에게 디자인을 제안하여 소재 개발, 설계, 생산까지 모두 할 수 있는 세계적 제조회사가 되었다.

처음 설립할 당시 품질이 뛰어난 샘플백으로 인정받았지만 이탈리아나 프랑스 공방 같은 헤리티지와 문화유산이 없어서 거절당

했다. 그러자 설립자 박은관 회장은 그들에게 그렇게 대를 물려 80년, 100년을 넘게 이어오는 럭셔리 브랜드도 처음First Day이 있지 않았느냐며 단 1%만이라도 제작하게 해달라고 끈질기게 제안했다.

　그래서 간신히 처음 주문받은 240개는 한국 장인들의 손에 의해 곧 600개, 2,400개 나아가 7개월 만에 직접 그들 디자이너와 함께 디자인하자고 제안받을 정도로 인정을 받았다. 그리고 10여 년 후 까다롭기로 유명한 루이비통 그룹의 블라인드 테스트에서 라벨

▲ 서울시 강남구 도산대로에 있는 시몬느의 작업 공방. 열정으로 가득한 장인들의 가죽 두드리는 소리와 명품을 탄생시키는 재봉틀 소리가 끊이지 않는 공간이다.

을 뗀 핸드백 5개 중 3개가 시몬느 공장에서 만든 핸드백이라는 놀라운 결과를 얻었다. 시몬느 장인들의 꼼꼼하고 숙련된 손이 프랑스나 이탈리아 피렌체의 그것을 이긴 것이다.

1987년 설립 이후 핸드백 제조 분야 매출액 세계 1위, 매년 10억 달러 이상, 소비자가 7조 원에 이르는 매출 달성, 1년 생산 제품만 3,000만 개, 전 세계 명품 핸드백 시장의 10%, 미국 명품 핸드백 시장의 30%를 차지하고 있는 시몬느의 저력은 바로 '장인정신'이다. 오늘도 박은관 회장은 "내 재킷에서는 기름 냄새가 난다. 진정성이며 정체성이 우리 성공의 열쇠이고, 400명이 넘는 디자이너와 장인이 바로 우리 회사의 자산이다"라고 말한다. 이것이야말로 럭셔리의 가장 강력한 핵심 정신이라고 생각한다. 나는 지구 한 바퀴를 돌아 진정한 럭셔리 정신을 바로 이곳에서 찾았다. 대를 잇는 브랜드의 첫날은 어느 브랜드나 작고 미약한 공방에서 시작했으나 늘 초심을 잃지 않는 장인들의 손끝에서 끝없이 길이 이어질 것이다.

비욘드 럭셔리

오래전 에르메스 직원들을 대상으로 세일즈 강의를 하기 위한 미팅을 하면서 럭셔리 브랜드의 정신을 이야기하는데, 본사 담당자가 조용히 이야기를 건네었다. "우리 에르메스는 럭셔리 브랜드가 아니에요. 비욘드 럭셔리Beyond Luxury예요." 에르메스가 럭셔리의 최고가 아니라 최고를 넘어 그 이상이라니… 과연 어떤 자신감과 자부심이 스스로 비욘드라고 말하게 할 수 있는지 궁금해졌다. 역시 그것은 럭셔리를 '이미 넘어서게' 만든 그들의 '장인'이고 장인을 키우고 진화시킨 '에르메스 정신'이었다. 어떤 것과도 타협하지 않고 품질이 가장 중요하다고 생각하는 장인정신이 그들 DNA에 계승되고 있었다.

에르메스 로고를 보면 마부가 빈 마차 앞에서 고객을 기다리고 있는 모습이다. 이 이미지는 브랜드 기원을 상징한다고도 할 수 있는데, 마차에 기다리던 고객을 태우고 말을 모는 숙련된 마부와 같이 에르메스의 장인들은 최고 제품으로 고객에게 다가가기 위해

▶ 에르메스 브랜드 로고의 모티브가 된 프랑스 화가 알프레드 드뢰의 19세기 석판화. 에르메스는 사륜마차와 마부의 이미지를 브랜드 로고로 디자인하여 1945년 상표 등록을 마쳤다.

정성을 다한다는 것이다. 에르메스의 브랜드 정체성은 이러한 장인정신 자체이며 에르메스 가죽 장인학교에서 더 확고하게 전승되고 있다.

에르메스 가죽 장인학교의 수업은 교육생 중 절반 정도만 공방에 수용될 정도로 트레이닝 과정이 어렵다고 알려져 있다. 또한 졸업생 중 에르메스의 엄격한 시험 과정을 통과한 사람만이 경력이

©Moonavie

에르메스는 가죽 제품의 원재료를 매우 엄격한 기준에 따라 까다롭게 선별·구매하여 제품으로 만든다.

많은 에르메스 튜터tutor에게서 교육을 받을 기회가 주어진다. 학교에서 2~3년, 에르메스 튜터에게 2년 정도의 교육 기간이 끝나면 비로소 가방을 만들게 되지만 수련생이 제작한 가방은 절대로 상품화하지 않는다.

에르메스는 가죽의 원재료를 높은 기준에 따라 까다롭고 신중하게 선별하는 것으로도 정평이 나 있다. 이때 가죽을 고르고 재단하는 가죽 장인의 역할이 매우 중요하다. 가죽을 고를 때 원하는 요건이 충족되지 않으면 가죽을 구매하지 않아서 한 해 동안 특정 가죽 제품이 생산되지 않을 때도 있었다는 것은 아주 유명한 일화다.

에르메스 장인들은 지퍼, 자물쇠, 안감, 장식물, 파이핑piping으

로 쓸 가죽끈 등 핸드백을 완성하는 데 필요한 모든 부품을 보관함에 담아 관리하면서 하루에 보통 핸드백 서너 개를 만든다. 이때 장인 한 명이 가방 하나를 처음부터 끝까지 완성하게 되는데, 제품마다 그 장인의 책상 번호와 제작 연도가 찍히기 때문에 몇 년 혹은 몇십 년 뒤 고객이 수선이나 부분 교환을 원하면 그 가방을 제작한 장인에게 전달한다.

최소 7년에서 10년 정도 공력을 쌓아야 버킨과 켈리를 만들어 낼 수 있는데, 보통 크기의 버킨이나 켈리백은 하나 만드는 데 15~16시간 걸린다. 크기가 더 작은 핸드백은 시간이 더 필요해서 25~30시간 걸린다. 핸드백이 완성되면 감독이 와서 바느질과 펄링

에르메스는 자동화하고 대량생산하는 방식에서 벗어나 전통적인 수작업 방식으로 제품을 만든다. 오랜 시간이 걸려도 튼튼한 제품을 만들겠다는 것이 에르메스의 장인정신이다.

perling 등을 꼼꼼히 살펴보고 전체 모양과 디자인을 점검한다. 문제가 없으면 핸드백에는 만든 장인의 이름과 제작 연도, 장소가 적힌 검인이 찍힌다. 켈리백은 가죽 버클에 검인이 들어간다.

1920년대 포드자동차 공장의 대량생산 방식을 본 3대손 에밀 모리스는 오히려 반대로 브랜드의 핵심 가치인 소량 생산의 희소성과 상품에 담긴 철학, 장인의 따뜻한 손길로 만든 결과물의 가치를 지키기로 했다. 마구 장인들이 시간이 걸려도 튼튼하고 아름답게 바느질하는 기법인 '새들 스티치saddle stitch'가 지금까지 수작업으로 이어지고 있다. 하나하나 밀랍을 입히고 방수 처리를 한 실로 마무리할 때는 세 땀의 구멍을 두 번씩 더 바느질하고 특수접착제를 살짝 바른다.

가죽 끝은 부드럽게 하려고 일곱 차례 정도 광을 내는데, 에르메스 버킨백의 경우 손잡이 가죽은 일곱 겹을 붙여 만들기 때문에 시간이 많이 걸린다. 럭셔리 이상의 가치를 가능하게 하는 에르메스 정신인 장인은 해마다 끊임없이 설립자 티에리 에르메스의 DNA로 교육되고 발전되어 현재 5,200명에 이른다. 그들이 있기에 모든 것의 기대를 넘어 럭셔리 그 이상, 비욘드 럭셔리가 가능할 것이다.

손자를 위해 잠시
내 손목에 맡아둔 시계

"당신은 파텍 필립을 소유한 것이 아닙니다. 다음 세대를 위해 잠시 맡아주고 있을 뿐입니다."

마음이 따뜻해지는 음악이 흐르며 현관문이 활짝 열리면 퇴근하고 돌아온 아빠를 어린 아들이 달려와 두 팔을 벌려 안아준다. 아빠는 아들을 목마 태우고 정원 아름드리나무 아래로 가서 아들의 키를 재보고 비 오는 날은 든든한 우산이 된다. 함께 낚시도 하고 숙제를 봐주며 보트 모는 방법을 알려주는 든든한 아빠는 어느새 백발이 되었다. 그리고 아빠를 반기던 하얀 현관 앞에서 자기 길을 떠나는 아들을 배웅한다.

언제나 아빠의 손목에 있던 파텍 필립Patek Philippe 시계는 집 떠나는 아들의 짐가방을 드는 손목으로 옮겨져 앞으로 내내 아빠의 사랑과 격려를 이어줄 것이다. 2013년에 선보인 1분짜리 짧은 광고지만 인생 영화를 한 편 보는 듯한 감동이 전해진다. 짧은 흑백 영화

You never actually own a Patek Philippe.
You merely take care of it for the next generation.

PATEK PHILIPPE
GENEVE

▲ 파텍 필립의 TV 광고 〈제너레이션〉
시리즈 중 2013년에 발표된 광고

처럼 고전적이고 로맨틱하게 아버지와 아들의 성장기를 아름답게
표현한 이 광고는 파텍 필립의 광고 캠페인 '제너레이션Generation' 시
리즈 중 하나다.

　아들의 든든한 버팀목이자 롤모델인 아버지의 파텍 필립은 아
들을 위해 그리고 그의 아들인 손자를 위해 잠시 맡아주었을 뿐이
다. 더 넓은 세계로 나아가는 아들에게 아버지의 성공과 명예가 옮
겨간다. 떠나는 아들의 뒷모습을 뿌듯하게 바라보는 아버지의 미
소는 보는 사람들 마음을 애잔하게 한다. 동시에 더는 그 어떤 테크
놀로지나 화려한 다이아몬드를 두른 시계와 비교할 차원이 아님을

알려준다. 세계 최고의 럭셔리 시계 브랜드 파텍 필립은 시계를 예술로 승화하여 하이엔드 시계 시장에서 최정상의 자리를 고수하고 있다.

▲ 파텍 필립의 5204 손목시계

180년의 역사 속에서 시계 이상의 가치를 전해오고 있는 파텍 필립의 성공 비결은 최상의 퀄리티와 장인정신이다. 시계를 예술의 결정체로 보는 파텍 필립은 "작은 방에서 기술자들이 수작업으로 기술적·예술적으로 최고의 시계를 만든다"라는 기업 철학을 가지고 모든 공정을 수작업으로 한다. 기술적·예술적으로 최고 시계를 만든다는 이 엄청난 철학이 오랜 세월 속에서도 빛을 발하고 있다.

파텍 필립은 매우 엄격한 품질 규격을 바탕으로 자사 무브먼트

파텍 필립의 시계는 장인이 일일이 수
많은 부품을 확인해 가며 제작한다. 시
계 하나를 완성하는 데 짧으면 3년에서
길게는 무려 9년이나 걸린다.

를 사용하고 보통 600개에서 2,000개가 넘는 많은 부품을 장인이
일일이 확인한다. 시계 하나를 완성하는 데 짧으면 3년, 길게는 무
려 9년이나 걸린다니 장인정신이 아니고는 설명할 수 없다. 보통
스위스 시계는 '제네바 실(Geneva Seal, 제네바주 공식 보증 마크로 아주 엄격한 요건을
통과한 시계에만 부여)' 인증으로 시계의 품질을 인정받는데, 파텍 필립은
제네바 실의 12가지 정밀도, 내구성 항목 모두를 그 이상 실행할 뿐
아니라 더 꼼꼼한 '파텍 필립 실'을 자체적으로 만들어 적용한다. 자
기 기준이 그 어떤 것보다 높다고 생각해 스스로 그것을 따르는 정

▶ 파텍 필립을 설립한 앙투안느 드파텍과 장 아드리앙 필립. 처음에는 동업자 프랑수아 차펙의 이름을 따서 '파텍 차펙'이란 이름으로 시작했으나 1851년 현재의 브랜드로 바뀌게 된다.

신이야말로 럭셔리 정신의 핵심이다. 그만큼 자신들의 기술과 엄격한 품질 기준에 대해 자신감과 자부심이 대단하다는 것이다.

현재 자체 보유 기술 특허가 100건이 넘는데 그중 20건은 세계 시계 역사에 길이 남을 발명이다. 컬렉션은 200여 개지만 모두 수백 개만 한정 생산하는 독보적 창조물이라서 돈이 있어도 구매하기가 쉽지 않다.

1839년 시계 공업의 중심지 스위스 제네바에서 파텍 필립은 처음 시작되었다. 폴란드에서 스위스로 망명한 귀족 출신 군장교 앙투안느 드파텍Antonie Norbert de Patek과 시계 장인이었던 프랑수아 차펙Francois Czapek이 함께 두 사람의 이름을 따서 '파텍 차펙Patek Czapek'을 세운 것이다. 이후 파텍은 파리박람회에서 금메달을 수상한 프랑스 시계 기술자 장 아드리앙 필립Jean-Adrien Philippe과 함께 용두(손목시계 따위에서 태엽을 감거나 시각을 조정하는 꼭지. 크라운이라고도 함)를 1845년에 개발하여 특허를 냈고 '파텍 필립Patek Philippe'이란 이름으로 1851년 사명을 바꾸면서 현재에 이르게 된다.

◀ 파텍 필립의 노틸러스 5711A 손목시계

파텍과 필립은 이로부터 혁신적인 시계 작품을 계속 제작하면서 새로운 시계의 역사를 써나간다. 당시의 시계는 대부분 태엽을 감으려면 열쇠를 넣고 돌리는 방식이었는데, 파텍 필립은 지금처럼 용두로 시간을 맞추고 바로 와인딩하는 혁신적인 기술을 발명하고 와인딩 시스템과 미닛 리피터(minute repeater, 시와 분을 소리로 알려주는 기능) 회중시계를 세계 최초로 선보인다. 뒤이어 1889년에는 분리 용심 와인딩 시스템을 특허 출원한다.

20세기 들어서 손목시계가 대중화되고 회중시계에서 손목시계로 트렌드가 변화하자 파텍 필립은 더욱 정교한 시계 기술 개발에 몰두하기 시작한다. 그리고 자동으로 날짜를 맞춰주는 캘린더, 정

▲ 로즈 골드에 다이아몬드가 세팅되어 있는 파텍 필립의 7071R 모델

교한 크로노그래프, 지정된 시간을 소리로 알려주는 미닛 리피터, 별의 측정과 일출, 일몰, 12궁도를 포함하는 천문학적 컴플리케이션 등을 개발했다. 현재 우리 손목에 있는 시계의 대표적이고 혁신적인 발명이 바로 파텍 필립에서 시작된 기술이라고 보면 된다.

파텍 필립은 왕족과 귀족, 정치가, 예술가, 과학자 등 수많은 유명인이 애용함으로써 명성과 재력을 상징하는 품격 있는 럭셔리의 대명사가 되었다. 그들의 고객 리스트에는 영국 빅토리아 여왕Queen Victoria, 알베르트 아인슈타인Albert Einstein, 표트르 차이콥스키Pyotr Tchaikovsky, 존 데이비슨 록펠러John Davison Rockefeller 등 시대를 대표하는 역사적 고객들이 포함되어 있다.

파텍 필립의 시계는 압도적으로 아름다운 디자인과 뛰어난 기술력으로 시계가 아닌 예술품의 가치를 지닌 명품으로 인정받는다. '파텍 필립 실'이 새겨진 모든 기계식 제품은 영구 품질 보증을 의미하며 '평생 애프터서비스'를 제공한다. 대를 물리는 시계는 역시 대를 물려도 제조사가 책임진다는 약속이기도 하다. 시간이 흘러도 변하지 않는 명품의 가치는 초심의 철학을 따르는 한결같음, 책임감 그리고 끊임없는 혁신과 대를 물리는 자부심이 바탕에 있다.

자신에게 엄격하기

프랑스 중부 오를레앙의 생장 드 브헤Orleans Saint-Jean de Braye에 있는 크리스챤 디올의 메이크업과 향수 공장에서 긴 컨베이어 벨트 앞에 하얀 가운을 입은 직원들이 앉아 완성되어 나오는 아이섀도를 하나하나 들여다보고 있었다. 배합되어 완성된 아이섀도들이 상자에 담기면서 마지막 검사가 진행되는 것이다. 그들은 완전히 집중해 자기 앞으로 지나가는 아이섀도를 보다가 콕 집어서 발아래 자루에 넣었다. 조용히 다가가 자루에 넣은 제품을 꺼내서 자세히 살펴보았지만 홈집이 어디에 있는지 보이지 않았다. 아까운 마음에 실수한 것은 아닌지 물었다.

그랬더니 그녀가 손끝으로 아이섀도 파우더 위의 아주 작은 실금을 가리켰다. 눈에 잘 보이지 않는 이런 작은 홈집을 어떻게 그리 잘 골라내는지 궁금하면서 한편으로는 너무 작아 보이지도 않는 이 정도는 괜찮지 않을까 하는 생각이 들었다. 내 생각을 읽은 직원이

"우리 디올은 고객에게 가장 완벽한 제품만 드립니다"라고 말했다.

그 옆에 놓인 작은 자루에는 디올의 완벽한 프로페셔널리즘을 보여주는, 골라낸 섀도들이 여러 개 쌓여 있었다. 바로 위층 아이 메이크업 레브라토리에서 보고 내려온 작은 예술작품이라고 할 섀도들이 떠올랐다. 1947년 열린 크리스티앙 디오르의 첫 번째 패션쇼 '뉴룩' 드레스를 기념하기 위한 에디션으로 가녀린 팔을 쭉 펴고 바 슈트와 모자를 쓴 여성이 새겨진 아이섀도는 컬러 피그먼트 패널 여러 개가 판화를 찍듯이 순서대로 배합되면서 하나의 아름다운 아이섀도로 탄생한다. 아주 심오하고 아름다운 이 한정판 에디션은 섀도 장인이 하루에 몇 개밖에 만들 수 없다고 했다. 그도 그럴 것이 손바닥보다도 작은 사각 섀도에 바 슈트 위의 손가락, 검정 장갑까지 작은 붓으로 그리기도 힘든 파우더를 색색으로 배합하기는 정말 어려운 작업으로 보였기 때문이다.

그렇게 심혈을 기울여 만들어 예술에 가까운 작품이 기계 속 검사를 거쳐 마지막에는 매의 눈으로 검사하는 감독관들에게 실금이 난 것이 딱 걸려 사정없이 발아래로 버려졌다. "우리는 우리 자신에게 철저합니다"라고 늘 이야기하는 디오르 정신이었다. 자기 자신에게 혹독하다고 할 만큼 철저함은 모든 단계에서 예외 없이 작동한다. 아주 작은 실수에도 자신에게 철저해지는 것이 절대 쉬운 일은 아니다. 그러나 명품이 되려면 반드시 필요한 정신이다.

"모든 것이 기계화되는 시점이라도 내 작업실은 모델을 찍어내는 공장이 아니라 장인들의 실험실이 되어야 한다."

– 크리스티앙 디오르

진정한 아름다움은
진실함

"우리 브랜드는 왜 피부 분석 기계를 만들지 않을까요? 계획이 없나요? 그 기계의 현미경으로 피부를 보면 모공의 크기나 개수까지 셀 수 있을 정도예요."

아시아 트레이닝팀의 질문에 유럽 스킨케어 1위 브랜드 클라랑스Clarins의 설립자 자크 쿠르탱 클라랑스Jacques Courtin Clarins 박사가 우리 눈을 조용히 바라보며 대답했다.

▲ 화장품 전문 브랜드 클라랑스의 설립자 자크 쿠르탱 클라랑스

"눈으로 볼 수 있는 데 왜 기계로 보지요? 세상에서 가장 아름다운 여인의 피부도 현미경으로는 달의 표면처럼 울퉁불퉁 흉하게 보일 거예요. 사랑하는 사람을 자세히 보기 위해 현미경으로 들여다보는 사람은 없어요. 눈으로 마음으로 보고 느끼고 싶어 합니다. 우리는 고객을 사랑하기 때문에 진실해야 합니다. 우리는 전문가로서 진실하게 더 훌륭한 조언을 할 수 있습니다."

자크 쿠르탱 박사는 여든이 훨씬 넘었지만 브랜드와 고객을 이

▲ 21가지 식물 추출물이 함유된 클라랑스의 스킨 케어 더블 세럼 아이

야기할 때는 그의 가슴속에서 뜨거운 불꽃이 피어올랐다. 당시에는 많은 화장품 브랜드가 최첨단 피부진단 디바이스를 앞다퉈 매장에 선보였다. 고객들은 기계에서 영수증처럼 나오는 진단지 안의 모공 수, 모공 크기, 주름 깊이, 깨진 유수분의 불균형한 숫자를 보고 경악하면서 매장 어드바이저가 추천하는 많은 세트 상품을 구입했다.

하지만 눈으로도 잘 볼 수 있는 것을 굳이 기계로 보아야 하는 이유를 물으면서 그 사람이 사랑하는 고객이라면 먼저 진실한 마음으로 대해야 한다는 말에 아시아 각 나라에서 온 트레이너들은 모두 숙연해졌다. 주름의 깊이, 모공 크기 등의 숫자는 아름다움과 크게 관계없다. 아름다움의 기준은 진정성이다.

CLARINS
PARIS
Skin Illusion
Teint Naturel
Hydratation
SPF 15
Natural Hydrating
Foundation
©Kurachik

©HJBC

▲ 프랑스 파리 서쪽 뇌이쉬르센에 있는 클라링스 본사 전경

의학을 공부하던 자크 쿠르탱은 여성이 육체적 건강만큼 자신의 아름다움을 중요하게 생각한다는 것을 알게 되자 1954년 화상이나 흉터, 부종, 염증으로 인한 미용을 전담하는 클리닉인 '클라랑스 인스티튜트Clarins Institute'를 파리에 열었다. 여성들의 아름답고 탄력 있는 몸매와 가슴, 몸매를 관리하기 위한 마사지 도구를 개발했고, 1960년에는 세계 최초로 100% 식물에서 추출한 보디오일을 만들었다. 인스티튜트는 크게 성공했고 프랑스에 100개나 되는 센터가 뒤를 이어 문을 열었다.

고객들이 집에서도 클라랑스 제품을 사용하기를 원하자 1968년 다양한 라인으로 선별된 유통 시장에서 판매하게 되었다. 먼저

◀ 클라랑스의 스킨 일루전 파운데이션

식물의 효과를 선구적으로 연구하고 식물학자들과 함께 '그린팀 Green team'을 만들어 세계 각국을 돌며 식물 데이터를 수집했다. 또 전 세계 여성들의 피부 고민과 욕구를 알기 위해 모든 제품에 고객 카드를 넣어 요구사항이나 불만 등을 받아 제품에 반영했다.

이렇게 고객에 대한 관심과 열정으로 클라랑스는 많은 베스트 셀러 제품을 출시했다. 지금은 쿠르탱의 큰아들 크리스티앙 쿠르탱 클라랑스Christian Courtin-Clarins가 아버지 뒤를 이어 유럽 스킨케어 1위 클라랑스를 경영하고 있다. 자크 쿠르탱은 일생을 여성의 아름다움 을 위해 열정을 불태우고 2007년 세상을 떠났다.

최고 럭서리는
오로지 하나

"이 숄더백은 애들 아빠가 아주 오래전 내게 선물한 것인데…." 엷은 미소를 띤 한 노부인이 앞에 진열된 핸드백을 보며 혼잣말을 했다. 노부인이 바라보고 있는 숄더백은 스퀘어 형태의 쇼핑백으로 이것저것 많이 넣어 들고 다닐 수 있는 편리함 때문에 오랫동안 사랑받아온 모델이었다. 고객을 보고 바로 다가온 매장 직원이 노부인에게 인사를 건넸지만 부인은 가방에서 눈을 떼지도 않은 채 말을 이어나갔다.

"저 가방이 아직도 있네. 내가 저 가방 오랫동안 참 잘 썼는데…." 그러자 옆에 서 있던 직원이 "이 가방은 이번 시즌 새로 나온 신상품이에요"라고 설명해 주었다. 이 말을 들은 노부인의 눈이 동그래져서 말했다. "그래요?… 우리 애들 아빠가 아주 오래전, 애들이 어렸을 때 선물해 준 걸로 기억하는데…." 응대하던 직원은 노부인이 핸드백을 구매할 의사가 없다고 판단했는지 옆에 잠시 서

▲ 미국 뉴저지주 로렌스 타운십 매장
에 전시되어 있는 샤넬 핸드백(2019년)

있다가 다른 고객이 들어오자 그에게 다가갔다.

　잠시 후 돌아서면서 눈이 마주친 부인이 나를 보고 겸연쩍게
웃길래 조심스럽게 "추억이 많은 가방인가 봐요. 참 사용하기 편하
고 좋은 가방이에요. 아주 오랫동안 많은 사람에게 사랑을 많이 받
아서 이번에 다시 출시되었나 봐요"라고 말했다. 그 말에 얼굴이 환
하게 밝아진 부인은 아이들이 어렸을 때 외출하면 챙겨갈 것이 많
았는데 이 가방이 참 편했다면서 반가운 마음으로 잊고 있던 몇 가
지 에피소드를 한참 이야기했다. 그리고 그 아이들이 결혼해서 손
주들이 생겼다며 핸드폰에서 가족사진까지 보여주었다.

▲ 2019년 파리 패션쇼에서 선보인 샤
넬 핸드백과 2018년 밀라노 패션쇼의
펜디 핸드백

명품 브랜드들은 오랫동안 고객의 사랑을 받아온 클래식 버전
들을 아끼고 사랑한다. 트렌드에 맞는 아이콘 신상품의 론칭도 중
요하지만 한 세기 동안 브랜드의 시그니처가 된 시간을 뛰어넘는
제품들을 잊지 않는다. 고전적인 핸드백은 시즌이 바뀔 때마다 조
금씩 업그레이드되어 새롭게 출시되기도 하지만 이름이나 스토리
는 크게 변하지 않는다. 노부인이 지켜본 가방은 판매직원이나 내
가 아주 어렸을 때 누군가는 귀한 선물로 받아, 누군가는 특별한 일
로 사서 잘 사용했을 것이다.

고객은 시간이 훌쩍 흘러 수십 년이 지나도 그 자리를 지키고
있는 브랜드에 감사하고 감동한다. 고객은 럭셔리 브랜드 제품에

저마다의 추억과 크고 작은 스토리를 간직하기 마련이다.

럭셔리 브랜드 제품들은 제품 이상을 품고 있다. 오랜 시간 안에 담긴 브랜드의 헤리티지만큼 고객들의 추억과 감동이 가득하다. 이것을 귀 기울여 들어주고 알아주며, 오랜 시간 브랜드의 고객이 된 데 진심으로 감사하는 것 그리고 그 추억을 공유하는 것, 그것이 럭셔리 브랜드의 세일즈다.

"진정한 럭셔리는 오로지 하나, 바로 인간관계의 럭셔리다."

– 앙투안 드 생텍쥐페리

럭셔리 브랜드 제품들은 브랜드의 헤리티지만큼 고객들의 추억과 감동이 묻어 있기 마련이다.

디오르의 드레스 안에 감춰진
은방울꽃의 간절함

▲ 크리스티앙 디오르는 정치학을 공부하고 별도로 패션 디자인을 배운 적이 없었지만 40세가 넘은 1947년, 패션계에 한 획을 긋는 유명 인물이 된다.

크리스티앙 디오르는 천재적인 패션 디자이너였다. 정식으로 드로잉이나 패션 디자인을 배운 적은 없지만 잠시 배운 건축학으로 드레스의 무게중심이나 균형감각을 완벽하게 잡아내 아름다운 여성미를 훌륭하게 보여주었다. 그는 첫 번째 컬렉션인 1947년의 '뉴룩'을 시작으로 패션 역사를 새로 쓰며 어릴 적 점성가 예언대로 세계에서 가장 유명한 인사가 되었다. 가끔 내게도 그런 천재성이 있으면 얼마나 좋을까 싶어 부러울 때가 있다. 그들의 성공은 평범한 사람들에게는 그저 노력하지 않고도 얻는 쉬운 결과물같이 보인다. 그러나 그 천재들도 타고난 천재성만큼 간절함이 크지 않다면 성공의 힘이 오래가지 못한다.

크리스티앙 디오르는 1905년 도버해협에 접해 있는 휴양지 그랑빌에서 화학비료 공장을 운영하는 아버지와 꽃을 사랑하고 정원 가꾸기를 좋아하는 어머니 사이에서 둘째 아들로 태어나 성장기를

▲ 스튜디오에서 모델의 드레이핑을
감독하고 있는 크리스티앙 디오르

유복하게 보냈다. 그러나 건축학을 배우러 소련에 다녀온 스물일곱
살 때 대공황으로 집안이 파산하고, 사랑하는 어머니와 형이 죽었
으며, 자신도 결핵에 걸려 힘든 시간을 보냈다.

　　그 후 마흔 살이 될 때까지 병과 가난으로 매우 어려운 시기를
보내다 예술가 친구들의 도움으로 모자와 의상을 디자인하며 생계
를 이어갔다. 그러던 디오르는 파리에 패션업을 다시 일으키고 싶
어 하는 마르셀 부삭Marcel Boussac을 설득하여 디자인하우스 투자를
받았다. 마침내 마흔두 살에 얻은 귀한 기회였다. 디오르는 자신의
천재성만으로는 충분하지 않다고 생각한 것 같다. 귀하게 태어나

디자인 스케치를 하고 있는 크리스티앙 디오르(1957년) ▶

© Larisa L.

남부러울 것 없이 자라다 갑자기 찾아온 불행의 연속으로 디오르는 자기 노력이나 천재성만으로는 성공하기에 부족하다고 뼈저리게 느꼈을 것이다.

　그래서일까. 디오르는 프랑스에서 5월 초 계곡마다 피었다가 며칠 만에 지는 행운의 상징인 귀한 은방울꽃의 말린 꽃가지를 컬렉션마다 가장 중요한 모델의 드레스 안감에 촘촘히 박아 그 행운이 가득 퍼지길 바랐다. 오랜 시간 염원하고 혼신의 힘을 다해 자기 재능을 쏟아 넣은 아름다운 창작물을 대중들에게 선보이는 것이다. 하늘이 내려준 천부적 재능도 간절함이 없으면 오래가지 못한다.

▲ 고급 향수의 원료로도 많이 사용되는 은방울꽃의 향은 보통 은은한 사과향과 향긋한 레몬향이 난다.

계속하고 또 계속해서
반드시 이기겠다

　　파리 캉봉가 31번지, 디자이너로 컴백한 가브리엘 샤넬은 살롱 2층 계단에서 초조한 얼굴로 난간을 잡고 숨죽이고 있었다. 1954년 2월 5일, 그의 나이 일흔한 살이었다. 1층 행사장에는 세계 각국에서 온 패션 에디터, 사진작가들이 패션의 전설인 그의 귀환을 보려고 모여 있었다. 그날의 주인공 샤넬은 2층 계단에 몸을 숨긴 채 내려가지 않았다. 샤넬이 은퇴를 선언하고 파리를 비운 15년 망명 생활 동안 크리스티앙 디오르는 샤넬이 해방시킨 여성들의 코르셋과 패치코트를 다시 입히고 '뉴룩'을 탄생시키면서 화려한 트렌드를 만들고 있었다. 자연스럽게 그전 샤넬 패션은 저절로 '올드룩'이 되고 말았다.

　　다시 돌아온 샤넬의 패션은 디오르의 화려한 실루엣과 다르게 여전히 납작한 가슴, 일자형 허리와 스커트 라인으로 소년 같은 왈가닥 소녀 라인이었다. 뭔가 새로운 룩을 기대했던 사람들은 그의

컬렉션을 본 뒤 실망하고 비웃었다. 영국의 한 신문은 대실패라고 혹평했고 또 다른 신문은 그날의 컬렉션을 '우울한 회고전'이라고 평가했다. 이탈리아 영화감독 프랑코 제피렐리Franco Zeffirelli는 "그것은 내가 목격한 가장 잔인한 장면이었다"라고 회고하기도 했다.

　새로운 컬렉션에 대한 패션계의 비난으로 샤넬은 자신감이 떨어질 수밖에 없었다. 어쩌면 과거의 영예로 남겨 박제된 레전드가 되는 것이 더 행복했다고 후회할 수도 있었다. 사실 지금부터 70여 년 전, 가장 트렌디하다는 패션계에서 무려 15년의 경력 단절을 보내고 30~40년이나 젊은 감각들과 경쟁해서 다시 무대 위에 자기 디자인을 올린다는 것은 정말 대단한 용기가 필요한 일이었다.

▲ 1954년 가브리엘 샤넬이 쿠튀르하우스를 다시 열면서 초조한 표정으로 살롱 2층 계단에 서 있는 모습

가브리엘 샤넬의 74세 때 모습(1957년 프랑스 오를리공항)

▲ 파리 샤넬하우스 패션쇼에서 발표한 샤넬의 디자인(1966년)

그래서 강철 심장이라고 평가받던 샤넬이지만 복귀한 무대를 마주하지 못하고 2층 계단 위에서 서 있을 수밖에 없었던 것인지도 모른다. 큰 용기만큼 간절함도 컸을 테지만 세상의 평가와 자신을 향한 날선 주목이 엄청난 부담이 되었을 것이다. 그러나 세간의 무자비한 비판에 샤넬이 정신을 차리는 데는 그리 오랜 시간이 필요하지 않았다.

"나는 계속하고 또 계속해서 반드시 이길 거예요." 1954년 복귀 컬렉션의 비난을 뒤로한 채 샤넬은 작업을 계속해 나갔다. 그리고 3년이 지난 후에는 예전의 영광을 되찾을 수 있었다.

샤넬의 컬렉션은 시즌을 거듭할수록 더 세련되고 강해졌다. 샤넬의 트위드 소재 재킷과 스커트는 샤넬의 시그니처로 완성되었다. 또한 사회진출이 활발해진 여성들은 코르셋으로 꼭 죄인 꽃봉오리처럼 아름다운 크리스티앙 디오르의 룩보다는 샤넬의 실용적이고 모던한 룩을 좋아하기 시작했다. 일흔의 나이에 패션계에 복귀한 샤넬이 천부적인 감각과 재능으로 재기에 성공한 것이다.

"내 성공 비결은 끊임없이 노력하며 맹렬하게 일한 것이다."

– 가브리엘 샤넬

꿈만 꾸지 않고
성공을 위해 달렸다

───────

그저 꿈만 꾸지 않았다. 고객을 직접 찾아갔고 될 때까지 기다리고 마침내 이루어지게 했다. 에스티로더, 클리니크, 맥, 아베다, 스틸라, 달팡, 드 라메르 등 세계 최대 화장품 그룹을 키운 에스티 로더Estée Lauder는 최초로 무료 샘플과 카탈로그를 증정하는 등 천재적인 화장품 마케팅으로 새 역사를 썼다. 그러나 무엇보다 자기 브랜드를 성공시키려 적극적인 삶을 살며 일한 여성 경영인으로 유명하다.

1908년 에스티 로더는 미국 뉴욕에서 체코계 아버지와 헝가리계 어머니 사이에서 태어났다. 피부미용에 유난히 관심이 많았던 에스티는 화학자였던 삼촌 존 쇼츠John Shotz가 화장품을 제조하면서 어려서부터 자연스럽게 화장품을 배우게 된다. 스물두 살 젊은 나이에 결혼했지만 대공황으로 남편 조지프 로더Joseph Lauder의 실크 사업이 실패한 후 주방에서 자신이 만든 화장품을 단골 미용실에

▲ 에스티 로더는 남편 조지프 로더와 함께 회사를 창업하고 뛰어난 마케팅 능력를 발휘하여 세계적인 화장품 브랜드로 에스티로더를 성장시켰다.

ESTĒE LAUDER

Double Wear
Stay-in-Place Makeup
Teint longue tenue
instransferable
SPF 10/PA++

©Alina Nikiaeva

고객에게 직접 립스틱을 발라주는 에스티 로더(1966년)

가져가 한쪽 코너에서 판매했다.

지금의 숍인숍인 그의 화장품 코너는 점차 유명해졌고 '에스티 로더'라는 상표를 크림 포장에 넣었다. 머리를 하러 온 고객들이 기다리는 시간에 재빨리 얼굴에 크림을 발라주고 머리 손질이 끝날 때쯤에는 립스틱을 발라주었다. 그리고 미리 준비한 카탈로그와 샘플을 꼭 챙겨주었다.

에스티는 직접 고객 얼굴을 진단한 뒤 자신이 처방해 제조한 크림으로 일일이 관리해 주었다. 천부적인 판매 기술을 갖춘 그가 직접 롱아일랜드까지 날아가 그곳의 상류층 고객들에게 소문이 난 제품으로 고객 관리를 했던 일화도 유명하다. 식사하러 간 식당, 기차 안, 옷을 사러 간 백화점, 심지어 '삶이 영업의 연속'이라면서 휴가를 가서도 여성들의 피부 고민을 듣고 영업했다. 그가 가는 곳은 어디든 피부 상담을 해주는 매장이 되었다.

에스티는 미국의 백화점에 입점하려고 신청서를 무려 100번이나 냈으나 신생 브랜드였기에 인지도가 없어 번번이 거절당했다. 그렇다고 포기할 에스티가 아니었다. 입점하고 싶었던 고급 백화점 '삭스 피프스 애비뉴Saks Fifth Avenue' 근처 한 고급호텔 자선행사에서 고급 립스틱 80개를 상류층 고객에게 무료로 나눠주었다. 립스틱을 발라 본 고객들은 백화점으로 몰려가 에스티로더 매장을 찾았고 백화점에 문의했다. 상류층 고객들의 강력한 요구에 백화점이 오히려 에스티로더를 찾았고, 그는 그들의 간곡한 입점 요청을 받아들였다. 그러고는 입점하자마자 벌떼처럼 몰린 고객들로 이틀 만에 재고를 모두 팔았다.

에스티는 1946년 남편 조지프와 함께 자신의 이름을 딴 법인

'에스티로더'를 출범시켰다. 에스티의 목표는 화장품의 도시 파리
의 '갤러리 라파예트Galeries Lafayette' 백화점에 에스티로더를 입점시
키는 것이었다. 그러나 입점 조건이 까다롭기로 유명한 라파예트는
미국의 신생 브랜드는 받아줄 수 없다며 에스티로더의 입점을 거절
했다. 하지만 에스티에게 행운은 우연히 찾아온다. 어느 날 실수로
백화점 바닥에 떨어뜨린 에스티로더의 향수 '유스 듀youth dew'의 매
력적인 향에 파리 고객들이 백화점에 향수의 정체를 계속 문의하면
서 갑자기 구매를 원하는 고객이 폭증하게 되었다. 이로써 오랫동
안 신생 화장품 브랜드에 높은 장벽이었던 프랑스 최고의 백화점에
에스티로더가 입점하게 되었다.

▲ 에스티로더의 시그니처가 된 갈색
병 세럼, 어드밴스드 나이트 리페어

에스티는 자신의 적극적인 삶뿐만 아니라 화장품도 적극적인 개념으로 바꾼다. 피부를 건강하게 유지하고 관리한다는 화장품의 단순한 기능을 자기 삶처럼 적극적·역동적인 '리페어repair'로 진화시킨 것이다. 1982년 출시한 뒤 지금도 1분에 아홉 병이 팔린다는 전설의 갈색병으로, 잠자는 동안 강력한 안티에이징 작용을 하는 최초의 나이트 세럼이 그것이다. 이 에센스는 30년이 넘는 역사 속에서 일곱 번에 걸쳐 성분과 패키지 모두 변화를 거듭하면서 진화하고 있다.

적극적이고 열정적인 에스티는 미국의 대표적 시사주간지 《타임Time》이 선정한 '20세기 천재 경영인 20인'에 여성으로는 유일하게 이름을 올렸다. 에스티는 가능한 한 많은 여성을 만나 그들이 얼마나 아름다워질 수 있는지는 물론이고 어떻게 아름다움을 유지할 수 있는지 알려주고자 평생 일했다. 그가 원했고 열심히 일해서 거둔 '성공'은 자신만의 것이 아니라 아름다워지고 싶은 모든 여성의 것이었다. 작은 주방에서 자신이 만든 크림을 미용실 고객들 얼굴에 직접 발라주며 가졌던 그 설레던 첫 마음이 성공을 향한 동력이 되었고, 아름다운 여성을 위한 미션이 마침내 성공하게 되었다.

상징성만으로 충분할 때

"반짝이는 금장 로고나 브랜드 이름이 없어도 부드럽고 고급스러운 가죽의 질감과 섬세하게 엮어낸 장인의 손길이 느껴지는 브랜드." 보테가 베네타_{Bottega Veneta}의 1971년 광고 카피다.

일반적 광고 카피는 자다가도 이름을 중얼거리게 할 강력한 문장에 이름이나 로고를 달려 내보내는데, 보테가 베네타의 광고 카피는 아주 달랐다. 한때 100미터 떨어진 곳에서도 가슴팍에 크게 박혀 있는 말 탄 기수가 보이는 티셔츠가 큰 인기를 얻은 적이 있다. 그때나 지금이나 고가의 명품일수록 브랜드 로고가 잘 보여야 베스트셀러가 되는데, 과연 상징성만으로 가능한 것일까?

보테가 베네타 브랜드는 '베네토의 아틀리에'라는 이탈리아어로, 보통 설립자 가문 이름을 브랜드 이름으로 하는 다른 이탈리아 브랜드들과 사뭇 다른 느낌이다. 1966년 보테가 베네타는 미켈레 타데이_{Michele Taddei}와 렌초 첸자로_{Renzo Zengiaro}가 이탈리아 베네토주 비첸차_{Vicenza}에서 설립했다.

비첸차 지역은 예부터 가죽 장인이 많은 곳으로 유명했는데 미
켈레와 렌초는 부드러운 가죽을 끈처럼 길게 잘라서 머리를 땋듯이
꼼꼼하게 엮어 격자 문양을 만드는 '인트레차토 필라티intrecciato filati'
기법을 탄생시켰다. '합쳐 꼬았다'는 의미의 인트레차토는 바느질
없이 가죽을 엮어서 완성한 형태로 자연스러우면서도 부드럽고 튼
튼한 보테가 베네타의 상징이 된다.

인트레차토의 상징적 이미지만으로도 충분히 브랜드 역할을
할 수 있다고 판단한 보테가 베네타는 다른 브랜드처럼 이니셜이나
심볼을 사용한 로고를 제품에 표시하지 않는 방식을 택한다.

인트레차토를 모티브로 한 디자인은 가죽 핸드백 제품 외에도

▲ 가죽 재료를 가로와 세로 방향으로
꼬아서 격자 문양으로 만드는 보테가
베네타의 인트레차토 수공예 방식은
보테가의 상징이 되었다.

인트레차토 기법이 돋보이는 보테가 베네타의 숄더백

◀ 인트레차토를 모티브로 한 보테가 베네타의 클러치백. 황동으로 된 네트로 인트레차토의 특징인 매듭 형태를 잘 구현한 제품이다.

향수를 비롯한 보테가 베네타의 다른 제품군에도 잘 드러나 있다. 가죽을 꼬거나 매듭으로 묶었을 때의 이미지를 제품에 다양하게 활용한 것이다.

숙련된 장인의 숨결이 느껴지는 인트레차토의 아름다운 디자인과 완성도 높은 제품은 보테가 베네타의 상징적인 브랜드 이미지가 되어 미적 기법만을 차용하려는 기타 브랜드들을 짝퉁으로 보이게 했다. 보테가 베네타의 이러한 브랜드 이미지 콘셉트 방향은 브랜드를 연상할 수 있는 독창적 이미지만으로 다른 브랜드들과 같이 구체적인 브랜드 로고를 내세우지 않아도 충분했다. 오히려 허영에 들떠 명품을 과시하고 싶어 하지 않는 진짜 럭셔리 고객들에게 은근한 브랜드 이미지를 새롭게 제시한 것이다. 그들의 진정한 브랜드 로고는 '장인의 기술'과 '뛰어난 품질'이기 때문이다.

© Gladcov

나의 라벨은 나!

"샤넬을 숭배해 마지않는다. 그러나 나는 샤넬이 아니다."

가브리엘 샤넬이 죽은 뒤 10년 동안 샤넬은 그의 부재에 고통스러워하며 그를 그리워하는 침체기를 겪었다. 클래식 브랜드로 여겨졌던 샤넬이 카를 라거펠트에게 샤넬하우스의 크리에이티브 디렉터를 제안했을 때 주위에서는 그를 말렸다. 샤넬 내부에서도 쿠튀르보다는 기성복 패션에 집중했던 라거펠트를 달가워하지 않았고 프랑스인이 아니라 독일인인 그에게 회의적이었다. 그러나 그는 오히려 아주 흥미롭다는 태도로 모두의 예상을 뒤엎고 시들시들 숨이 넘어가던 샤넬 브랜드에 인공호흡을 하여 새로운 생명력을 불어넣는 데 성공했고, 37년간 샤넬 수장으로서 전 세계 패션계를 장악했다.

라거펠트는 샤넬에서 혁신을 계속했다. 가브리엘 샤넬의 정신과 샤넬 스타일의 핵심 디자인 요소에는 충실했다. 하지만 격식을 중요하게 여기는 상류층 패션의 대명사 샤넬 슈트를 '진jean'룩으로

▲ 1987년 샤넬에서 라거펠트가 디자
인한 레이스가 달린 칵테일 드레스

선보이며 트위트 재킷과 스트리트 패션을 접목했다. 샤넬 슈트에
바이커 룩을 입힌 가죽 슈트를 만들어 내는가 하면 새로운 소재와
대담한 재단 등 자기 기준에서 생각한 혁신적인 요소를 과감히 조
합해 나갔다.

　샤넬의 절제된 라인 아래 남성의 속옷이나 반바지가 매칭되기
도 하고, 스포티한 팔꿈치에 보호대를 착용한 채 모델들의 상징인
킬힐 대신 최상급 뱀피와 레이스, 트위드, 샤넬 진주로 장식된 스티
커즈를 신었다. 샤넬의 패션쇼를 위해 파리의 그랑 팔레Grand Palais
미술관 유리천장 아래에 38미터 에펠탑을 세우기도 했고, 슈퍼마켓

© Alamy

▲ 2007년 파리 그랑 팔레에서 열린 샤
넬 컬렉션에 모델들과 함께 런웨이를
걷고 있는 라거펠트

이나 샤넬의 공방이 무대가 되기도 했으며, 샤넬 캐리어를 끌고 걷
는 샤넬 공항이 런웨이가 되기도 했다.

　　샤넬의 패션쇼는 매번 많은 이슈를 몰고 다니며 그의 상상력과
창의력이 샤넬 안에서 새롭게 재창조되었다. 라거펠트는 "내 일은
그가 한 일이 아니라 그가 했을 일을 하는 것이다. 샤넬은 어디에든
적용할 수 있는 하나의 아이디어이며, 이는 샤넬의 장점 중 하나다"

라고 말했다. 라거펠트가 없었다면 샤넬이 남긴 아이디어는 고전적인 올드룩으로 그치고 말았을 것이다. 라거펠트 덕분에 샤넬은 멈추지 않고 그가 이루고 싶었던 그 많은 일이 다시 창조되고 있었다.

1982년 라거펠트의 샤넬 영입이 공식 선언된 후 그는 샤넬의 상징으로 새로운 샤넬을 창조했다. 그의 모든 혁명적 작업은 샤넬이 했어야 하는 일을 이어서 한다고 말함으로써 전통과 헤리티지를 충분히 존중했다. 그러나 그 어떤 브랜드에서도 라거펠트는 라거펠트 자신으로서 아이덴티티를 보여주어 자기 라벨을 강력하게 드러냈다. 라거펠트의 자신감, 오만 그리고 장인정신을 가진 천재의 브랜드 라거펠트 라벨이 기존 브랜드 위에 자랑스럽게 덧붙어 그 브랜드를 더욱 영예롭게 했다.

"나는 살아 있는 상표다. 내 이름은 라벨펠트LABELFELD, 라거펠트가 아니다."

– 카를 라거펠트

2019년 라거펠트의 사망을 특집 기사로 다룬 프랑스 잡지 《르 피가로》

©Ina Kos

나다움이 무엇일까

―――――――

"당신에게 가장 잘 어울리는 색이 세상에서 가장 아름다운 색이다."

아마도 패션 디자이너 샤넬에게 많은 사람이 이 질문을 했을 것이다. "어떤 색이 가장 아름다운 색일까요?", "이번 시즌에 유행하는 색은 무엇인가요?", "나는 어떤 색 옷을 입어야 예뻐 보일까요?" 샤넬은 이번에도 현명하고 명확한 대답을 우리에게 주었다. 세상에서 가장 예쁜 색은 '당신에게' 가장 잘 어울리는 색이다! 아무리 비싸고 최신 유행하는 색 옷이라도 나에게 어울리지 않는다면 아름다운 옷도, 색깔도 아니라는 것이다.

나에게 가장 어울리는 색은 나를 돋보이게 하고 나를 가장 나답게 만들어 준다. 내 본연의 피부색과 머리카락, 눈썹 그리고 눈동자 색에 잘 어울리는 색깔이 있다. 그것이 무엇인지 알려면 먼저 내 본연의 색을 알아야 한다. 내 색도 보지 못하면서 세상의 색을 먼저 보려고 하면 안 된다. 아니, 그렇게 하려고 해도 사실 볼 수 없다. 내

색깔을 볼 수 없다면 세상의 색도 볼 수 없다.

당신은 어떤 사람인가? 당신은 무엇을 좋아하고 어떤 것에 의미를 두는가? 세상의 진리를 좇는 당신의 따뜻한 갈색 눈동자는 짙은 밀크초콜릿색의 풍성한 숄을 두를 때 가장 아름답다. 그때부터 이 색은 당신만을 위한 색이 된다. 셀럽이 두른 그 어떤 색도 그것만으로 당신을 예쁘게 하지 못한다. 당신 안에서 빛나는 당신의 색을 먼저 만나자. 당신이 스스로 잘 알지 못한 채 입는 고가의 명품 옷은 결코 당신을 아름답게 만들어 주지 못한다. 당신을 인정하고 확신하며 사랑하는 '나다움'이 진정한 럭셔리다.

"그 무엇으로도 대체할 수 없는 존재가 되려면 항상 남들과 달라야 한다."

– 가브리엘 샤넬

© Sandra Cunningham

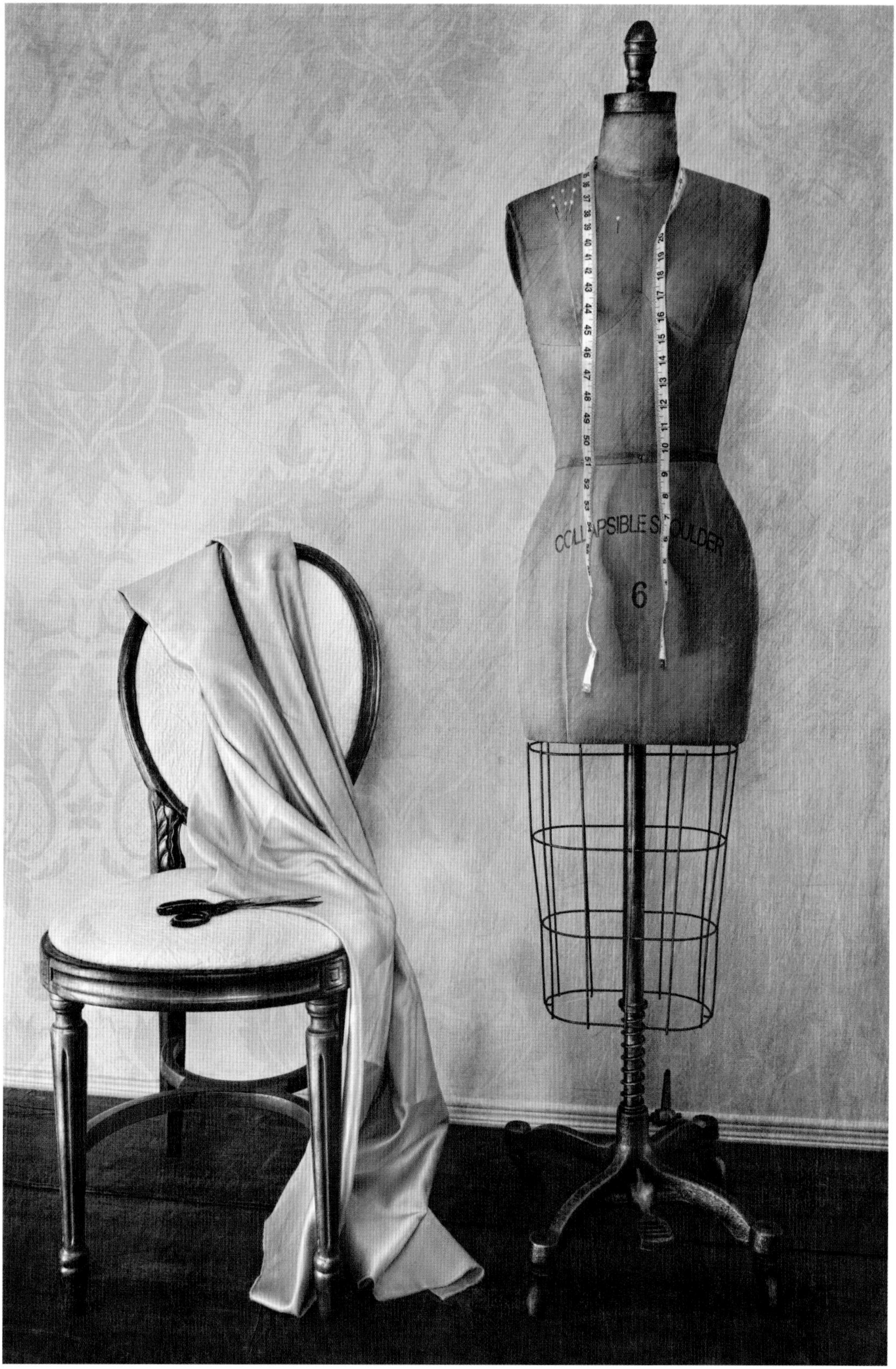

겉과 속의 완벽한 아름다움, 럭셔리의 본질

1780년 프랑스 황제 앙리 2세의 비 카트린 드 메디치Catherine de Médicis의 보석함에서 영감을 받아 만들어진 동그랗고 아름다운 상자를 열면 은은한 파스텔 빛깔 진주알들이 영롱하게 빛나고 있다. 왕비의 진주목걸이였을까? 어쩌면 입에 넣으면 눈꽃처럼 사르르 녹아버릴 것 같은 색색의 봉봉 스위티인지도 모른다는 생각이 든다.

그러나 저 멀리 행성에서 떨어진 운석이라는 뜻의 메테오리트는 겔랑의 완벽한 장인정신을 보여주는 메이크업 예술작품이다. 메테오리트 겔랑Météorites Guerlain은 겔랑의 메이크업 크리에이티브 디렉터였던 도미니크 스자보Dominique Szabo가 중국을 여행하다가 경극 배우가 구슬 모양 파우더를 만들어 사용하는 것을 보고 아이디어를 얻어 개발했다고 알려져 있다.

1987년 샹젤리제 겔랑 부티크에서 론칭될 때, 초대되어 온 고객들은 큰 유리병에 담겨 있던 색색깔의 구슬 파우더가 달콤한 사탕인 줄로 알았다고 한다. 메테오리트는 보기에만 신기한 파우더

로 만들어진 것이 아니다. 스타더스트 테크놀로지의 비밀을 담고 태어난 파우더가루는 피부 표면에서 미묘한 어린 빛으로 반짝여 화사하고 순수한 안색을 만들어 준다. 각각 다른 색의 미세한 파우더는 구슬 같은 알약이 만들어지듯 천천히 뭉쳐지게 돌리는데, 어느 정도 동그란 모양이 되면 파우더 장인들이 매끄러운 진주알 모양으로 일일이 마무리한다. 보석 상자 안에서 부드러운 솔로 서로 저어 굴려주면 색색의 진주알들이 미세한 가루가 되어 서로 마법 같은 기능을 한다.

분홍색은 건강한 빛, 초록색은 울긋불긋한 홍조기를 감추어 주고, 흰색은 화사한 빛을, 금색은 무지갯빛처럼 피부 표면에 영롱한 빛을 준다. 25년 동안 메테오리트 색의 연금술은 안색을 화사하게 빛나도록 계속 업그레이드되어 크리스마스를 위한 메이크업 주얼리 선물이 되고 있다. 아름다운 디자인 덕분에 루브르 박물관에 전시되기도 했던 케이스는 우수한 메이크업 테크놀로지를 품은 아름다운 보석을 가득 담고 있다. 그리고 겉과 속이 완벽한 아름다운 럭

서리의 상징이 되었다.

메테오리트 겔랑의 겉과 속의 완벽한 아름다움에 이어 럭셔리의 상징, 샤넬에 관한 이야기로 럭셔리의 본질이라 할 수 있는 '내면의 아름다움'을 생각해 보자. 가브리엘 샤넬이 활동하던 시절 상류층에서 그가 만났던 부인들은 당시 가장 유행하던 폴 푸아레 스타일을 입고 있었다. 그 당시 사교계 트렌드를 이끌던 프랑스 디자이너 폴 푸아레Paul Poiret 는 여성의 아름다움을 그대로 드러내기 위해 치마폭을 좁게 만들어 연약한 여성의 모습을 강조했다. 코르셋으로 조인 화려한 레이스와 장식이 달린 사치스러운 드레스는 엄청난 가격에 팔렸기 때문에 샤넬은 그것을 '허세'라고 여겼다. 그렇기에 샤넬이 디자인한 코르셋과 페티코트를 벗은 부드럽고 편안한 카디건

▲ 1925년 프랑스 패션잡지에 실린 폴 푸아레의 의상 디자인. 치마폭을 좁게 하여 여성성을 강조한 폴 푸아레의 스타일을 엿볼 수 있다.

형 재킷, 발목이 보이는 짧은 스커트는 혁신적인 디자인이라고 할 수 있었다.

파리의 럭셔리 패션과 뷰티를 선도하는 브랜드 샤넬에 럭셔리는 무엇이었을까? 사실 지금도 럭셔리는 화려하고 값이 매우 비싸며 누구나 갖고 싶은 욕망을 불러일으킨다. 그런데 샤넬은 이것의 반대말은 가난, 촌스러움, 값이 싼 저품질이 아니라 '천박함'이라고

럭셔리의 본질은 내면의 세련됨과 성숙함이다. 남의 시선을 의식하지 않고 자신만의 가치를 아는 사람이 진정 럭셔리한 사람이다.

말하곤 했다. 샤넬이 생각하는 럭셔리의 핵심은 보이는 외면이 아니라 보이지 않는 내부에 있었던 것이다.

　머리끝부터 발끝까지 값비싼 명품 옷과 신발, 가방으로 치장해도 전혀 럭셔리하다고 느껴지지 않는 사람이 있다. 럭셔리의 본질은 내면의 '세련됨'과 '성숙'이다. 럭셔리는 '사치'가 아니라 '가치'인 것이다. 진정 럭셔리한 사람은 타인의 시선을 의식하지 않는 내면의 자유로움과 자신만의 가치를 진정으로 보여주는 사람이다.

　　"럭셔리의 반대말은 천박함vulgarity이다."

– 가브리엘 샤넬

나는 전설이 될 줄 알았다

"이 집에서 태어난 아이는 아주 유명해져 세계지도의 네 귀퉁이에 사는 모든 사람이 이 아이를 알게 될 거야."

영국의 해협이 보이는 프랑스 휴양지 노르망디Normandy 그랑빌Granville에 있는 크리스티앙 디오르가 태어난 집은 분홍색 벽에 회색 자갈로 된 회반죽을 바른 집이었다. 어머니가 사랑하는 정원이 한눈에 보이는 그 집의 발코니 바닥에는 큰 별 모양 모자이크 타일이 있었는데, 점성가가 이 별이 있는 집에서 세계적으로 유명한 아이가 태어날 거라는 엄청난 예언을 했다고 한다. 디오르는 형과 세 누이와 함께 자랐는데 늘 이 점성가의 예언에 가슴 설레며 세계에서 가장 유명해질 자신을 상상하곤 했다.

디오르는 부모님 소원대로 외교관이 되기 위해 1920년 정치학과에 진학했지만 건축과 예술에 더 관심이 많은 청년이었다. 정치학 공부를 그만둔 그는 1928년 친구 자크 봉장Jacques Bonjean과 함께 작은 아트 갤러리를 열어 조르주 브라크Georges Braque, 파블로 피카

프랑스 노르망디 그랑빌에 있는 크리스티앙 디오르의 생가 ▶

소Pablo Picasso, 장 콕토 등과 같은 당대 유명 예술인들과 어울렸다. 하지만 1930년 전 세계에 불어닥친 경제공항으로 집이 파산하고 경제적인 어려움 때문에 갤러리도 문을 닫게 되었으며 이어 어머니와 형이 갑자기 세상을 떠나는 불운도 겪었다. 이때 디오르는 생계를 위해 친구들에게 패션 드로잉과 컬러링을 배워 오트쿠튀르에 모자

◀ 정치학을 전공했던 크리스티앙 디오르는 친구인 장 오젠느에게 패션 드로잉을 배웠다. 사진은 1947년 드로잉 스케치를 하고 있는 디오르

와 드레스의 크로키를 그려서 팔기 시작했다. 그 후 일러스트 프리랜서의 일을 접고 1938년 디자이너 로버트 피제Robert Piguet의 회사에 들어가 패션 일러스트 그리는 일을 본격적으로 했다. 패션 디자인을 전공하지는 않았지만 남다른 재주가 있었던 디오르는 제2차 세계대전 때는 실력을 인정받아 영화의 의상을 디자인하기도 했다.

그러던 중 1946년 파리를 패션의 도시로 다시 부활시켜 사업을 부흥하려는 코튼cotton왕 마르셀 부삭을 만나게 된다. 당시 마르셀 부삭은 프랑스에서 가장 큰 직물 회사를 운영하는 재력가였다. 디오르는 루시앙 그롱의 쿠튀르를 그만두고 자기 하우스에서 아이디어를 펼치며 자신만의 컬렉션을 하고 싶은 마음이 간절했던 시기였으나 사업을 시작할 돈도 용기도 없었다. 디오르의 꿈을 실현하기 위해서는 마르셀 부삭 같은 큰손의 재정적 지원이 절실한 상황이었다. 그러나 디오르는 수줍음을 잘 타는 소심한 성격이었다. 어떻게 마르셀 부삭의 마음을 움직이고 설득할지 고민하면서 디오르가 마르셀 부삭을 만나기 위해 그의 회사 앞에 도착했을 때 그의 발에 차여 반짝이는 무언가를 우연히 발견하게 된다. 디오르는 허리를 굽혀 그것을 주웠다. 디오르가 바닥에서 주워 든 것은 어린 시절 그의 집 발코니 바닥에서 보았던 별 모양의 작은 금속 조각이었다. 사실 이것은 당시 마차 마구에 달려 있는 장식품 중 하나였지만, 디오르는 그 순간 점성가가 이 집에서 태어난 아이가 세계에서 유명한 아이가 될 거라고 예언했던 목소리가 들리는 듯했다. 디오르는 그 별 모양 금속 조각을 주머니에 넣고 힘차게 들어가 마르셀 부삭에게 패션은 변화가 필요하며, 여성에게 아름답고 풍성한 스커트를 다시 입혀 텍스타일 산업을 자기가 새롭게 일으키겠다고 설득했다. 그리

고 그런 자신의 창업을 지원해 달라고 호소했다. 마르셀 부삭은 디오르에게서 왠지 모를 강한 확신을 느꼈고 1억 프랑을 투자해 '디올하우스'를 열게 도와주었다.

늘 수줍어하고 소심하던 디오르가 어떻게 사업가 부삭을 강렬하게 확신시켰는지 기적 같은 일이었다. 디오르는 자신에게 다가온 행운의 사인을 덥석 잡았고, 확신했고, 행동했다. 1947년 첫 번째 뉴룩을 발표한 후 프랑스 정부로부터 레지옹도뇌르 훈장을 받았고 《타임》 표지를 장식했다. 이미 디오르는 마하트마 간디Mahatma Gandhi, 이오시프 스탈린Joseph Stalin 등과 함께 '생존 인물 중 가장 유명한 5인'으로 뽑혔을 정도로 유명해졌지만 주머니 안에 별 모양 열쇠고리를 행운의 마스코트로 늘 갖고 다녔다.

1957년 마지막 패션쇼 후 심장마비로 갑자기 삶을 마감할 때까지 그는 많은 사랑과 관심을 받았다. 거의 10년밖에 안 되는 그의 디자이너 생활이 믿어지지 않을 정도로 세계지도의 어느 모퉁이에 사는 누구도 그를 모르는 사람은 없었다. 점성가의 말을 사실로 만들어 준 그 별은 스스로에 대한 믿음과 확신 그리고 용기였다.

1956년 영국 패션쇼에 선보인 크리스티앙 디오르의 디자인

▲ 1972년 끌로에(Chloé)의 수석 디자
이너로 활동하던 시절 자신의 아파트
에서 카를 라거펠트

그런데 크리스티앙 디오르처럼 어려서부터 자신의 성공을 굳
게 믿었던 천재적인 디자이너가 한 명 더 있다. 그는 바로 독일 출
신의 세계적인 디자이너 카를 라거펠트이다.

"여섯 살 때 어머니와 함께 살았던 시골집 책상에 앉아 이것저
것 그렸다. 그리고 그때 나 자신에게 말했다. 너는 아주 유명해질
거라고."

카를 라거펠트는 어린 시절 혼자 책을 읽고 공상을 즐기며 그림 그리는 것을 좋아하는 조용한 아이였다. 라거펠트는 친구들과 노는 것보다 시각예술 전반에 더 관심이 많았다. 그래서 수업 시간에도 뭔가를 계속 스케치했다. 라거펠트는 학교보다 함부르크 쿤스트할레 박물관Kunsthalle Hamburg museum에서 더 많은 것을 배웠을 정도다. 프랑스 예술가들에게 영감을 받은 그가 패션 디자이너가 되기로 마음먹은 결정적 계기가 있다. 1949년 함부르크에서 크리스티앙 디오르의 런웨이를 본 것이다.

　　라거펠트는 디오르의 런웨이를 본 뒤 오트쿠튀르를 열정적으로 그렸다. 라거펠트가 드로잉 감각을 타고났다는 사실을 알게 된 부모님은 열네 살 라거펠트를 파리로 유학을 보낸다. 라거펠트는 파리의 유명한 리세 몽테뉴 예술고등학교에서 드로잉과 역사를 공부했다. 어린 라거펠트는 이 세상 모든 것에 호기심이 많았고 훗날 모든 작업의 뿌리가 된 탄탄한 드로잉 능력을 유년기부터 쌓을 수 있었다. 그는 열여섯 살이 되던 해에 파리 국제 양모 사무국 주최 디자인 콘테스트에서 여성용 코트 부문 1위를 차지하면서 디자이너 발망의 오뒤쿠티르 부티크에 스카우트되었다.

　　라거펠트는 발망에서 몇 년 동안 어시스트로 일하면서 실력을 길렀고 그 뒤로는 장 파투Jean Patou의 부티크에서 수석 디자이너로 일하며 경험을 쌓았다. 쿠튀르에 염증을 느낀 그는 기성복 패션 작업을 하다가 펜디와 샤넬의 크리에이티브 디렉터로 일한다. 또 옷을 디자인하고, 그 옷을 모델에게 어떻게 입힐지 스타일링하고, 광고 사진까지 직접 찍는 사진가로도 천재적인 재능을 보였다. 광고 영상도 직접 감독했고, 오페라 무대 의상을 만들기도 했으며, 패션

카를 라거펠트가 의상 스케치를 하는 모습(1972년) ▶

과 현대미술을 융합한 전시를 기획하기도 했다. 또《황제의 새옷》이라는 어린이책에 그림을 그리기도 했다.

디오르와 달리 라거펠트는 점성가나 다른 이의 조언이 아닌 내부의 자아가 주는 확신으로 살았다. 그는 자신을 가공되지 않은 희귀한 블랙 다이아몬드라고 생각했다. 누가 가공하거나 조각하지 않은 자기 본연의 빛과 색으로 자신의 능력과 성공을 확신하며 살았다. 생각하는 대로, 믿는 대로 삶은 이루어진다.

"나는 늘 내가 이렇게 살게 되리라는 것을, 그래서 하나의 전설이 되리라는 것을 알았다."

– 카를 라거펠트

럭셔리 브랜딩 리더십

"나의 가장 커다란 럭셔리는 그 누구에게도 나를 변명할 필요가 없다는 것이다."

–카를 라거펠트

럭셔리 리더십은
감성을 공유하고 이끄는 힘

럭셔리 브랜드가 되려면 네 가지 요소가 필요하다.

첫째, 역사와 전통이다. 럭셔리 브랜드들은 오랜 역사 속에서 자신들의 전통을 지키고 대를 물리며 갈고닦아 살아남는다. 역사와 전통이 있는 럭셔리 브랜드들은 모진 풍파 속에서도 많은 시행착오를 거쳐 위기 해결 능력이 뛰어나고 촘촘한 경영과 마케팅 전략이 뛰어나다는 공통점이 있다.

둘째, 장인정신을 가지고 품질이 매우 뛰어난 제품을 만들어 내야 한다. 완벽한 제품과 시대를 앞서가는 과감한 실험정신은 고객들로부터 인정받을 수 있는 바탕이 된다.

셋째, 심미안을 가지고 있어야 한다. 디자인과 색감, 촉감이 모두 뛰어나다면 모든 이에게 감각적 환희와 감동을 줄 수 있다. 아무리 제품력이 우수하고 오랜 전통을 가지고 있어도 아름답지 못하면 럭셔리가 아니다.

넷째, 럭셔리 브랜드들은 우수한 인재, 인력을 발굴하고 그들을 끊임없이 성장시킨다. 어떤 브랜드가 진정한 럭셔리 브랜드인지 알아보려면 이와 같은 네 가지 요소가 조화롭게 구성되어 있는지 살펴야 한다.

이 네 가지 요소 가운데 네 번째 '인재'야말로 앞의 세 가지 요소를 완성하고 빛나게 해주는 가장 핵심 요소라고 할 수 있다. 리더십은 럭셔리 브랜드의 역사와 전통, 품질, 아름다움을 세상에 알리는 인적 조직을 이끄는 강한 힘이다.

럭셔리 정신을 갖춘 사람과 브랜드는 그 가치를 따질 수 없을 만큼 큰 부가가치를 가진다. 개인이든 조직이든 럭셔리 정신을 이해하고 갖고자 노력하는 자는 다른 어떤 조직과 비교할 수 없을 만큼 차별성을 갖추게 된다. 럭셔리 정신은 많은 곳에서 여러 가지로 발현될 수 있다. 남을 배려하고 경청하는 태도, 맡겨진 일에 온 힘을 다해서 나타나는 우월함과 뛰어난 결과, 난관을 극복하고 열정을 다해 사는 정신, 당당함, 불굴의 도전정신, 진실됨 등이다. 이러한 정신의 가치는 시대를 초월해 어디서든 필요한 정신이고 결국 성공하게 하는 핵심 동력이 된다.

럭셔리의 출발과 그 종착은 '열망의 실현'이다. 그 열망은 최상의 제품을 만들고 아름다운 스토리텔링을 통해 고객이 꿈꾸어 온 것을 실현하게 했다. 장인의 작업은 낡은 작업대 위에서 끝나지 않았고 조직을 구성해 럭셔리 브랜딩을 시작했다. 자기 팀에 고객의 열망을 이해시키고 오랫동안 흔들림 없는 브랜드 철학을 심었다. 럭셔리 리더십은 세대를 이어오면서 풍파 속에서 살아남아 그 어떤 리더십보다 강력하다.

리더십은 권력이고 힘이다. 권력이 없는 리더십이 존재하겠는가? 럭셔리 리더십은 설립자가 전설이 되고 브랜드가 신앙이 되어 침범할 수 없는 강력한 이데올로기를 전달한다. 이것이 막강한 리더십이 되어 조직을 일사불란하게 움직인다. '감성'을 자극하고 풍성하게 하여 각자 자신들이 가진 모든 에너지를 능동적으로 끌어 올리게 하는 럭셔리 리더십이 그것을 가능하게 한다. 선조에게 물려받은 럭셔리 브랜드의 공방이 없다 해도, 수백 년 동안 작은 작업대에서 시작해 황금알을 낳는 거대 기업을 이끈 그들의 리더십을 배운다면 감성의 밀레니얼들을 위한 솔루션을 얻게 될 것이다.

▲ 패션계의 전설이 된 가브리엘 샤넬. 《타임》의 20세기 가장 영향력 있는 인물 100명 중 한 명으로 선정될 만큼 그의 영향력은 컸다(1968년).

충성 직원으로 만드는
리더의 감성 메모

▲ 자크 쿠르탱 클라랑스 회장의 영문
판 자서전 《A beautiful success》

프랑스 본사에서 자크 쿠르탱 클라랑스 회장님이 보내준 소포
가 도착했다. 열어 보니 책 한 권이 들어 있었는데, 표지에 젊은 시
절의 자상한 미소가 담긴 사진이 있는 자서전이었다. 회장님 얼굴
을 찬찬히 바라보며 넘긴 첫 장에서 회장님 친필을 보고 깜짝 놀랐
다. 내 이름을 쓰고 그 아래 책 제목인 《아름다운 성공A beautiful
success》에 줄을 긋고는 "나의 아름다운 성공을 만들어 준 당신의 5
년에 감사드립니다"라고 써주셨다. 나는 본사 직원도 아니고, 사장
도 중역도 아닌 지구 반대편 작은 나라의 트레이닝 매니저일 뿐인
데 자신의 회사에서 함께한 시간을 일일이 계산하고는 아름다운 성
공 안에 나를 기억해 감사를 표한 것이다.

평소에 직원과 고객을 연결하는 트레이닝의 중요성을 강조하
신 회장님은 당신의 성공을 돌아보며 브랜드의 핵심이 되는 사람에
게 DNA를 전달하는 트레이너를 잊지 않으셨다. 고객과 직원 모두

를 잘 부탁한다는 의중을 가슴에 새기며 정말 더 열심히 일해야겠다고 결심했다. 국적도 다르고 일하는 공간과 문화도 다른 세계 각국의 직원들에게 설립자의 초심과 기업 철학을 마음속까지 강하게 연결해 주는 힘은 '감동'이다.

사실, 럭셔리 브랜드들은 고객을 감동시키기 위해 늘 고심한다. 고객이 좋아했던 것들을 기억하고 세심하게 챙겨주려고 애쓴다. 그러한 감동으로 충성 고객을 만든다. 그런데 내부적으로는 고객 못지않게 직원들을 감동시키는 것도 매우 중요한 일이다. 회사와 브랜드의 성공에는 직원 개개인의 큰 헌신과 기여가 항상 먼저 있다는 것을 알아주고 감사하는 것, 그래서 자부심과 충성심을 넘치게 부어주는 것, 그것이 럭셔리 브랜드가 성장할 수 있는 가장 큰 리더십이다.

현미경과 망원경을 동시에 쥔
장인 야누스 리더

―――――

럭셔리 브랜드들이 성공할 수 있었던 이유는 그 시대의 고객인 깐깐하고 기대가 높은 귀족들이 무엇을 원하는지, 어떤 것을 열망하는지 바르게 읽고 거기에 맞는 제품들을 만들었기 때문이다. 루이비통은 드레스와 구두를 수십 벌 가지고 여행 가야 하는 여성들을 위해 행거가 걸린 트렁크와 50켤레의 구두 주머니가 달린 구두 전용 트렁크를 만들었다. 이뿐만 아니라 여행 중에도 차를 즐기는 이들을 위해 주전자와 찻잔이 딱 맞게 들어간 차 전용 트렁크, 독서를 좋아하는 어니스트 헤밍웨이Ernest Hemingway를 위해 책이 가득 꽂힌 책장 트렁크 등 무엇이든 고객이 꿈꾸는 것을 발명했다.

루이비통은 매일 트렁크 안에 구겨지기 쉬운 드레스와 구두를 수십 번 포장하면서 어떤 트렁크가 가장 최적인지 누구보다 잘 아는 장인이 되었고, 세일즈맨·경영인이 되었으며, 리더가 되었다.

구두 천재 살바토레 페라가모는 아홉 살 때부터 구두를 만들었

▲ 강렬한 붉은색 조명으로 꾸민 샤넬 넘버5 리미티드 에디션 옥외 대형 전시 모형(2018년 이탈리아 밀라노)

고, 온통 발과 신발만 생각했으며, 발만 보아도 그가 어떤 사람인지 파악하는 제작자인 동시에 큰 신발 장인팀과 마케팅팀을 거느린 경영자였다. 그들은 매우 세심할 수밖에 없었다. 트렁크의 작은 못의 강도에서 고객의 라이프스타일 그리고 고객을 응대하는 직원들의 서비스 질까지 모두 완벽해야 했기 때문이다. 그래서 럭셔리 브랜드들은 지금도 모든 가이드 라인이 놀랍도록 촘촘하고 구체적이다.

당신이 한 조직의 리더로서 내 기업의 브랜드 제품이 어떻게 만들어지는지 제작과정과 그것이 어떤 고객에게 어떤 열망을 꿈꾸게 하는지 그리고 내 팀원 하나하나가 어떤 열망을 가지고 일하는지 '적당히' 안다면 당신은 꽤 괜찮은 리더일 수는 있다. 그러나 절

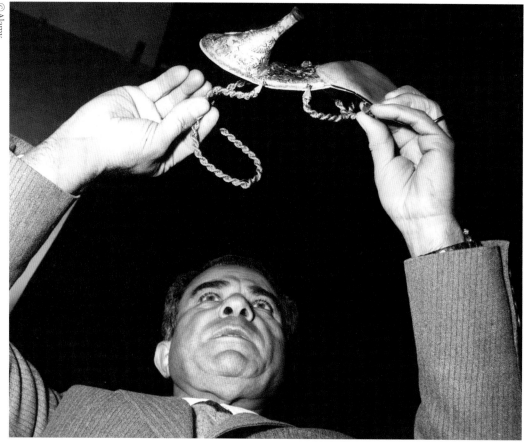

© Alamy

대로 적당히 알고 행동하는 리더는 모든 기대와 예상을 뛰어넘는 '럭셔리 리더십'을 가지기가 어렵다.

럭셔리 리더십은 세포까지 볼 수 있는 미세한 렌즈를 가진 현미경과 저 우주에 있는 별들의 움직임을 보는 천체망원경을 쥔 두 얼굴의 '야누스'여야 한다. 큰 비전을 제시하는 동시에 팀원 개인들이 꿈꾸는 열망을 이해하고 그것이 이루어지도록 그들을 이끌어야 한다. 조직의 개인들은 무엇을 원해서 우리 조직에 있는가? 고객이

▲ 신발을 세심하게 살펴보고 있는 살바토레 페라가모(1955년). 그가 제작한 신발은 감각적인 디자인과 인체공학적인 구조로 많은 사랑을 받았다.

필요한 것보다 원하고 갈망하는 것을 만드는 것과 같이 내 조직도 필요한 것이 아닌 열망하는 것이 무엇인지 알아야 한다. 그러려면 다른 어떤 조직보다 자부심, 뿌듯함, 감동, 자기 확신, 자아 완성 등 팀원들의 열망을 가득 채워주어야 한다. 그것은 감성으로, 막강한 지렛대가 되어 무엇이든 가고 싶은 그 이상으로 데려가 줄 것이다.

장인정신의 리더십

에르메스에서는 가죽을 재단하는 가죽 장인, 핸드백을 만드는 핸드백 장인, 품질을 검수하는 감독 등 모든 작업에서 각각의 전문 장인이 자기 역할을 충실히 한 후 다음 장인에게 넘겨준다. 모든 과정에서 완벽하고 철저한 자기책임이 수반되며 모든 단계에서 검증하는 작업이 진행된다. 장인들은 다른 사람들이 가지지 않은 특별한 기술을 지녔으며 오랜 시간 한 자세로 고쳐 앉지도 않고 혼자만의 시간 속에서 일하는 대단한 인내심과 집중력을 갖춘 인재들이다.

그들의 이력이면 경쟁사에서도 환영받을 것이며 자기 브랜드를 출시해 살아갈 수도 있다. 그런 인재들을 평생 고용하면서 기업과 함께 서로 성장하게 만드는 저력은 무엇인가? 장인들은 자기가 브랜드의 '주인'이라고 확신한다. 자신들이 없으면 브랜드도 존재할 수 없다고 믿는다. 그들이 그렇게 믿는 데는 이유가 있다. 그것을 확신하고 믿게 하는 데는 설립자부터 브랜드의 마케팅, 세일즈 등 모든 부서원이 그들이 브랜드의 핵심이라고 인정하기 때문이다.

조직의 리더들은 가끔 직원들이 제발 '주인의식'을 가졌으면 좋겠다고 불평한다. 그런데 주인으로 대접하지도 않는 사람이 주인이라고 믿는다면 그것도 곤란한 일이다. 브랜드의 주인으로 먼저 인정하고 그들이 주인이라고 스스로 확신하게 해야 한다. 우리 조직의 모든 사람은 각각의 영역에서 '장인'이며 회사를 이끄는 '주인'인 것이다. 그 장인이 하루아침에 특별한 기술을 갖춘 것이 아니기에 장인으로 키우고 성장시키는 것도 '장인정신의 리더십'에서 큰 몫이다.

사람이 조직 속에서 일하다 보면 하나의 나사못이 되는 느낌이 들 때가 있다. 내 존재가 잃어버려도 아무도 모를 못 하나의 무게가 될 때 서글픔이 밀려온다. 리더의 역할은 그 나사못을 초강력 모터의 역할로 변환하는 것이다. 반대로 잠재력이 큰 자를 핀셋으로 바로 제거해 한낱 나사못으로 만들 수도 있다. 장인정신의 리더십을 갖춘 리더는 에르메스 쟁반 위 핸드백 재료 하나하나의 쓰임과 더불어 장인들의 고됨을 다 알아야 한다. 그리고 장인이 브랜드의 핵심으로서 어떤 가치로 인정되어야 하는지 고심해야 한다. 조직의 개개인을 각각의 영역에서 전문가로 만들고 주인이 되게 하는 장인이자 설립자였던 그 고전적 리더십이 지금도 필요하다.

"모든 아름다움의 비밀은 열정이다. 열정 없이는 그 어떤 아름다움도 있을 수 없다."

– 크리스티앙 디오르